西南财经大学全国中国特色社会主义政治经济学研究中心
“中国特色社会主义政治经济学理论体系构建”项目资助

中级微观经济学学习指南

（第四版）

中级微观经济学课程组 编

西南财经大学出版社
中国·成都

图书在版编目(CIP)数据

中级微观经济学学习指南/中级微观经济学课程组编 .—4 版 .—成都:西南财经大学出版社,2020. 10
ISBN 978-7-5504-4555-0

Ⅰ. ①中… Ⅱ. ①中… Ⅲ. ①微观经济学—高等学校—教学参考资料 Ⅳ. ①F016

中国版本图书馆 CIP 数据核字(2020)第 175755 号

中级微观经济学学习指南(第四版)

中级微观经济学课程组 编

责任编辑:李晓嵩
封面设计:杨红鹰 张姗姗
责任印制:朱曼丽

出版发行	西南财经大学出版社(四川省成都市光华村街 55 号)
网　　址	http://www. bookcj. com
电子邮件	bookcj@ foxmail. com
邮政编码	610074
电　　话	028-87353785
照　　排	四川胜翔数码印务设计有限公司
印　　刷	郫县犀浦印刷厂
成品尺寸	148mm×210mm
印　　张	5. 25
字　　数	153 千字
版　　次	2020 年 10 月第 4 版
印　　次	2020 年 10 月第 1 次印刷
印　　数	1— 3000 册
书　　号	ISBN 978-7-5504-4555-0
定　　价	18. 00 元

第四版前言

中级微观经济学作为经管类本科生高年级学生和研究生低年级学生的重要学科基础课,要掌握其基本理论和方法,必须经过大量的基本训练。本着教学的规范性和学生学习需要,我们编写了《中级微观经济学学习指南》。

本书的主要目的是和《中级微观经济学》教材配套使用,让学生有足够的练习,达到中级微观经济学的分析和应用水平。为此,本书的编写花了编者很多心思。

(1)本书的编写人员大部分同时也是《中级微观经济学》教材的编写人员,从而保持教材与学习指南在内容、风格、难度和重点四个方面的统一性,因此15章的教材内容就对应着15章的学习指南内容。

(2)为了帮助学生更清晰地认识课堂所学知识,本书中每一章的框架都是从学习目标开始,归纳和总结本章的重点内容和重点结论,接着就是例题解答,例题针对教材中的课后思考题给出了详细的解答。

(3)本书中的大部分内容是习题。习题分为思考题、一般性习题和扩展习题三个层次。思考题、一般性习题是所有学生都需要掌握的,而扩展习题供学有余力的学生参考;同时,习题的数量和难度都适中。

(4)在编写本书的时候,编者有这样一个思考,教师不可能在课堂上讲授所有的知识,需要同学自己的思考和学习,因此有些知识点在教材里体现的不充分,但在本书中得到了较好的体现。

(5)本书中还包括一个很重要的部分,就是推荐阅读材料,在其中列出了一些经典教材、专著和文献,供学生参考。

(6)在本书的最后,我们列出了一般性习题中奇数号习题的答案,以方便学生学习和老师的教学。

本书已是第四版，是在前面三版的基础上的完善。第一版的编写分工如下：李毅负责第一章至第六章，张树民负责第七章至第十二章，吴开超与屈改柳（四川农业大学经济管理学院）负责第十三章至第十五章。以下同志对第二版中修改和增加的部分做出了贡献：李毅负责了第1、10、11章，袁正负责了第2、3、7章，张树民负责了第4、5、6章，邢祖礼负责了第8、9、15章，雷震负责了12、13、14章。第三版的修订主要由李毅完成。

由于《中级微观经济学》教材做了较大变动，《中级微观经济学学习指南》（第四版）主要是配合教材的变动做了改变和调整。我们做了如下改动：一是根据教材内容的调整增加了相应的题目。二是纠正了第三版中的一些错误；三是删除了第三版中的一些难题，增加了个别经典题目。第四版的修订最终由李毅完成。

同时需要说明的是，参与编写《中级微观经济学学习指南》的教师都是西南财经大学重点课程建设——“中级微观经济学”课程组的老师，即使课程组中没有参与编写的教师也对本书的编写提供了很多宝贵的意见，因此本书的署名为“中级微观经济学课程组”，因为这是课程组所有教师努力的结果。

《中级微观经济学学习指南》的编写和修订过程中得到了西南财经大学各方面的大力支持，特别是得到了西南财经大学全国中国特色社会主义政治经济学研究中心“中国特色社会主义政治经济学理论体系构建”项目的资助，在此表示衷心的感谢。

中级微观经济学属于西方经济学的组成部分，虽然它采用了很多数学的分析方法，显得更加科学，但是仍然避免不了西方经济学的一些本质上的错误，请读者阅读本书时加以仔细甄别。

由于时间仓促和自身水平的有限，书中难免存在错误之处，欢迎读者批评指正，并提供宝贵的意见！

编　者

2020年9月于光华园

目　录

第一章　最优化方法

一、学习目标

1. 集合是指由所有对象组成的全体。经济学中用得最多的集合就是 n 维实数集 R^n 和 n 维正实数集 R_+^n。

2. 经济学中的很多分析都是建立在凸集基础之上的。直观地说,一个集合中的任意两点的连线都在这个集合内,这个集合就是凸集。

3. 一元函数的一阶和二阶导数、微分是学习后面数学方法的基础,必须熟练掌握,特别是和、差、积、商的求导法则,复合函数的求导法则,反函数的求导法则等都要熟练掌握和灵活运用。

4. 一阶偏导数在经济学中用来表示其他条件不变,具体来说就是表示边际的概念。

5. 经济学中可以用二阶(偏)导数来表示边际的变化率。二元函数的二阶偏导数有四个。根据杨氏定理,其中两个混合偏导数相等。

6. 掌握一阶全微分和二阶全微分的基本含义与计算。

7. 无约束的最优化问题的一阶条件要求函数的一阶偏导数都等于0,但请记住的是一阶条件只是必要条件。

8. 无约束的最优化问题的二阶条件需要判断海塞行列式,二阶条件是充分条件。

9. 掌握和了解函数的凹凸性的定义与判别。当函数为凹函数时，函数可以取得最大值；当函数为凸函数时，函数可以取得最小值。

10. 包络定理表明值函数对参变量求导就等于原函数直接对参变量求导。这可以大大简化我们的运算。

11. 等式约束下的最优化问题的一般求解方法为拉格朗日乘数法，掌握其一阶和二阶条件，就能求出最优解。

12. 线性等式约束条件下的极大值的二阶条件实际上要求目标函数为拟凹函数。

二、例题

1. $u=f(x^2y, x/y^2)$，求 u 的一阶偏导数和全微分。

解：$\dfrac{\partial u}{\partial x}=f_1\cdot 2xy+f_2\cdot\dfrac{1}{y^2}=2xyf_1+\dfrac{1}{y^2}f_2$

$$\frac{\partial u}{\partial y}=f_1\cdot x^2+f_2\cdot(-2xy^{-3})=x^2f_1-2xy^{-3}f_2$$

$$du=\frac{\partial u}{\partial x}dx+\frac{\partial u}{\partial y}dy$$

$$=(2xyf_1+\frac{1}{y^2}f_2)dx+(x^2f_1-2xy^{-3}f_2)dy$$

2. 求题 1 中的函数的所有二阶偏导数。

解：根据上题的结果可得：

$$\frac{\partial^2 u}{\partial x^2}=f_1\cdot 2y+2xy\left(f_{11}\cdot 2xy+f_{12}\cdot\frac{1}{y^2}\right)+\frac{1}{y^2}\left(f_{21}\cdot 2xy+f_{22}\cdot\frac{1}{y^2}\right)$$

$$=2yf_1+4x^2y^2f_{11}+\frac{4x}{y}f_{12}+\frac{1}{y^4}f_{22}$$

$$\frac{\partial^2 u}{\partial x\partial y}=f_1\cdot 2x+2xy(x^2f_{11}-2xy^{-3}f_{12})-2y^{-3}f_2+$$

$$\frac{1}{y^2}(x^2f_{21}-2xy^{-3}f_{22})$$

$$= 2xf_1 - 2y^{-3}f_2 + 2x^3yf_{11} - 3x^2y^{-2}f_{12} + -2xy^{-5}f_{22}$$

$$\frac{\partial^2 u}{\partial y^2} = x^2(x^2f_{11} - 2xy^{-3}f_{12}) + 6xy^{-4}f_2 - 2xy^{-3}(x^2f_{21} - 2xy^{-3}f_{22})$$

$$= 6xy^{-4}f_2 + x^4f_{11} - 4x^3y^{-3}f_{12} + 4x^2y^{-6}f_{22}$$

3. 函数 $y = x_1^a x_2^b$,($a>0$,$b>0$)是不是齐次函数? 如果是,请验证欧拉公式。

解: $\because (tx_1)^a(tx_2)^b = t^{a+b}x_1^a x_2^b$

$\therefore$ 函数 $y = x_1^a x_2^b$ 是($a+b$)次齐次函数。

$$\frac{\partial y}{\partial x_1} = ax_1^{a-1}x_2^b$$

$$\frac{\partial y}{\partial x_2} = bx_1^a x_2^{b-1}$$

$$\frac{\partial y}{\partial x_1}x_1 + \frac{\partial y}{\partial x_2}x_2 = ax_1^{a-1}x_2^b \cdot x_1 + bx_1^a x_2^{b-1} \cdot x_2 = (a+b)x_1^a x_2^b$$

上式满足欧拉公式。

4. 求函数 $f(x,y) = x + 2ey - e^x - e^{2y}$ 的极值,并判断是极大值还是极小值。

解:首先可求得

$$f_1 = 1 - e^x$$

$$f_2 = 2e - 2e^{2y}$$

$$f_{11} = -e^x$$

$$f_{22} = -4e^{2y}$$

$$f_{12} = f_{21} = 0$$

一阶条件:

$$f_1 = 1 - e^x = 0 \Rightarrow x = 0$$

$$f_2 = 2e - 2e^{2y} = 0 \Rightarrow y = 0.5$$

二阶条件：

$f_{11}=-e^{x}|_{x=0}=-1<0$

$$\begin{vmatrix} f_{11} & f_{12} \\ f_{21} & f_{22} \end{vmatrix}_{(0,0.5)}=\begin{vmatrix} -1 & 0 \\ 0 & -4e \end{vmatrix}=4e>0$$

这是极大值的二阶条件。

所以，当 $x=0, y=0.5$ 时，函数取得最大值，最大值为-1。

5. 求下列问题的解：

$\max y=x_1^{\ 2}x_2$

$\text{s.t.}5x_1+2x_2=300$

解：构造拉格朗日函数。

$L=x_1^{\ 2}x_2+\lambda(300-5x_1-2x_2)$

一阶条件：

$$\frac{\partial L}{\partial x_1}=2x_1x_2-5\lambda=0$$

$$\frac{\partial L}{\partial x_2}=x_1^{\ 2}-2\lambda=0$$

$$\frac{\partial L}{\partial \lambda}=300-5x_1-2x_2=0$$

通过上面三式联立可得：

$x_1=40\quad x_2=50\quad \lambda=80$

验证二阶条件：

$$\overline{H}=\begin{vmatrix} 0 & g_1 & g_2 \\ g_1 & L_{11} & L_{12} \\ g_2 & L_{21} & L_{22} \end{vmatrix}=\begin{vmatrix} 0 & 5 & 2 \\ 5 & 2x_2 & 2x_1 \\ 2 & 2x_1 & 0 \end{vmatrix}=\begin{vmatrix} 0 & 5 & 2 \\ 5 & 100 & 80 \\ 2 & 80 & 0 \end{vmatrix}=1\ 200>0$$

所以，$x_1=40, x_2=50$ 是上述问题的解。

三、习题

1. 求下列函数的一阶和二阶导数。

(1) $y=5x^3$

(2) $y=\ln(x^3)$

(3) $y=5e^{3x}$

(4) $y=e^{3x}(x^3-2x+2)$

2. 求下列函数的一阶、二阶偏导数。

(1) $f(x,y)=x^3y^4$

(2) $f(x,y)=e^{3x/y}$

(3) $f(x,y)=2x+4y+x^3+\ln(x^3+y)$

(4) $f(x,y)=x/(x^3+y)$

3. 已知企业的总收益为 $TR=70q-q^2$，总成本为 $TC=q^2+30q+100$

(1)计算企业利润最大化时的产量是多少？利润是多少？

(2)验证在(1)的产量水平下，是否满足二阶条件？

4. $f(x,y)=5x+10y+xy-0.5x^2-3y^2$，求最大值，并验证二阶条件。

5. 已知 $f(x,y)=xy$，求满足约束 $x+y=100$ 时，$f(x,y)$ 的最大值。

6. 求下列问题的解：

$\max\ y=x_1+5\ln x_2$

s.t. $x_1+x_2=k$

(1)当 $k=10$ 时，求最优解。

(2)当 $k=4$ 时，求最优解；如果要求解为非负值，请问最优解是多少？

(3)当 $k=15$ 时，求最优解；当 $k=20$ 时，求最优解。请注意解的形式有什么规律？

7. 已知 $u(x,y)=4x^2+3y^2+5xy$

(1)求出偏导数。

(2)写出一阶和二阶全微分。

(3)当 $u(x,y)=0$ 时,求出 dy/dx。

8. 求函数 $y=-x^2+ax$ 的极值(其中 a 为参变量),判断其为极大值还是极小值,并讨论值函数对参变量的变化关系。

9. 求下列问题的解:

$\min\ 2x+3y$

s.t. $xy=24$

10. 判断下列函数是否为凹函数?是否为拟凹函数?

(1)$y=ax_1+bx_2$

(2)$y=x_1+\ln x_2$

11. 判断函数 $y=x_1^k x_2^k(k>0)$ 是齐次函数吗?是凹函数吗?是拟凹函数吗?

四、推荐阅读材料

1. 阿维纳什·K.迪克西特.经济理论中的最优化方法[M].冯曲,吴桂英,译.2 版.上海:上海人民出版社,2006.

2. 蒋中一.数理经济学的基本方法[M].刘学,顾佳峰,译.4 版.北京:北京大学出版社,2006.

3. 克里斯托弗·斯奈德,沃尔特·尼科尔森.微观经济理论:基本原理与扩展[M].杨筠,译.11 版.北京:北京大学出版社,2015.

第二章　偏好与效用

一、学习目标

1. 商品是指在市场上交易的各种物品和劳务。经济学中消费者实际上选择的是一个能负担得起的最佳商品组合。这个商品组合是一系列商品数量的列表,我们把这个商品组合称为消费束。

2. 收入水平是消费者选择时面临的最基本的约束,可以用预算线方程 $p_1x_1+p_2x_2=y$ 来表示。预算线的斜率 $\Delta x_2/\Delta x_1=-p_1/p_2$,表明要增加一个单位 x_1 的消费必须减少 p_1/p_2 个单位 x_2 的消费。

3. 由于商品价格的变化或者消费者收入的变化,预算线都会发生改变和移动。最基本的是两种情况:一种情况是只有收入变动,表现为预算线的平移;另一种情况是只有一种商品价格变化,表现为预算线的旋转。

4. 偏好是不同消费束之间的排序,基本的偏好关系有:"$\succsim$,至少一样好""$\succ$,严格偏好"和"~,无差异"。

5. 当偏好满足完备性、反身性和传递性时,偏好就是理性的。理性偏好意味着消费者选择逻辑上一致,不会出现混乱。

6. 无差异曲线是一种直观的描述偏好的方法,遍布整个坐标系的第一象限,并且两两不相交。

7. 掌握并画出具体偏好的无差异曲线:完全替代品的偏好、完全互补品的偏好、具有厌恶品的偏好、具有餍足情况的偏好、拟线性偏好和柯布-道格拉斯偏好。

8. 良好性状的偏好要满足单调性和凸性。

9. 偏好的单调性意味着商品的消费多多益善。无差异曲线的斜率为负,意味着无差异曲线越远离原点代表的偏好水平越高。

10. 偏好的凸性或严格凸性意味着消费者偏好于更均匀地消费各种商品,严格凸性还意味着消费者的边际替代率是递减的。

11. 现代经济学使用的效用理论都是序数效用论。

12. 效用函数实际上是对每个可能的消费束指派一个数值,对消费者更为偏好的消费束指派一个更大的数值,对偏好较低的消费束指派一个较低的数值,因此单调变化后的效用函数仍然是代表同一偏好的效用函数。

13. 无差异曲线和效用函数有密切的联系。当效用函数的值保持特定值不变时,从效用函数中就可以找到由所有满足特定效用值的(x_1,x_2)组成的集合,这个集合就是无差异曲线。

14. 掌握常见的效用函数:完全替代品的效用函数、完全互补品的效用函数、拟线性偏好的效用函数和柯布-道格拉斯效用函数。

15. 会计算边际效用和边际替代率。这两个概念有联系但不一样,而且边际效用递减和边际替代率递减也不一样。

二、例题

1. 请画出预算约束线 $3x_1+5x_2=15$ 的图形;当商品 1 的价格翻了 1 倍,商品 2 的价格降了 1 元,收入是原来的 4 倍时,画出新的预算约束线;当商品 1 的价格、商品 2 的价格和收入都是原来的 3 倍时,请画出这时的预算约束线。

解:如图 2-1 所示。

预算约束线 $3x_1+5x_2=15$ 的图形为里面那条直线。

当商品 1 的价格翻了 1 倍,商品 2 的价格降了 1 元,收入是原来的 4 倍时,预算线方程为 $6x_1+4x_2=60$,图形为外面那条直线。

当商品 1 的价格、商品 2 的价格和收入都是原来的 3 倍时，预算线方程为 $9x_1+15x_2=45$，其曲线和最初的预算线重合。

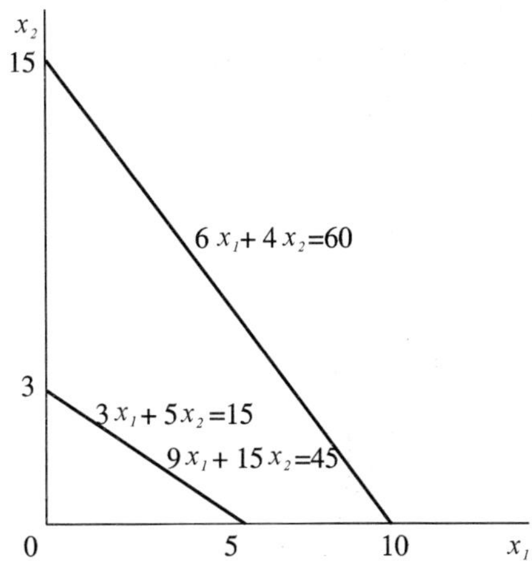

图 2-1　题 1 的预算约束线

2. 如果两种商品都是厌恶品，请画出这时的无差异曲线。

解：当 x_1 和 x_2 都是厌恶品的时候，如果增加厌恶品 x_1 的消费就必须减少另外一种厌恶品 x_2 的消费才能保持偏好水平不变，因此无差异曲线的斜率一定为负，同时厌恶品数量越少，偏好水平越高，如图 2-2 所示，沿箭头方向的偏好水平更高。

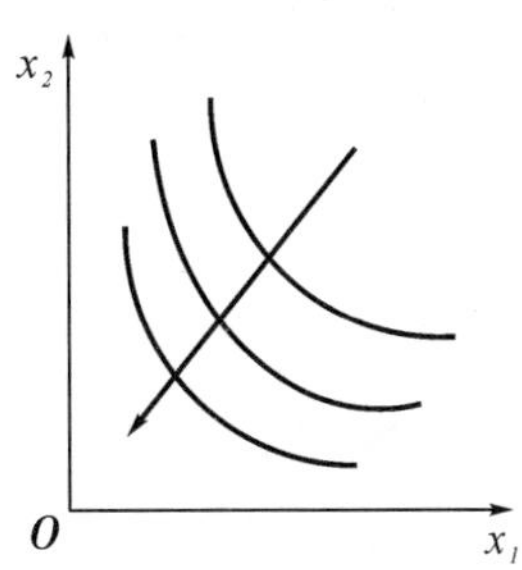

图 2-2　两种商品都为厌恶品的无差异曲线

3. 请证明两条无差异曲线不会相交。

证明:如果两条无差异曲线相交于 C 点,如图 2-3 所示,那么对于在两条无差异曲线上的 A 点和 B 点,一定有 $x^A > x^B$,或者 $x^B > x^A$,但 A 点和 C 点在一条无差异曲线上,有 $x^A \sim x^C$,同理也有 $x^B \sim x^C$,根据传递性有 $x^A \sim x^B$,这与前面的结论矛盾。因此,两条无差异曲线不能相交。

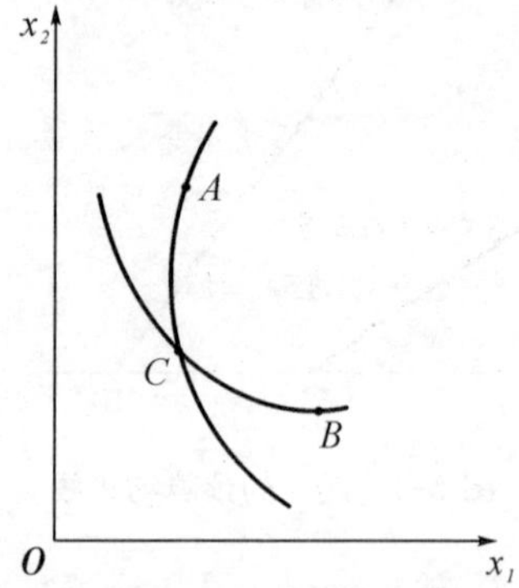

图 2-3　无差异曲线

4. 请画出效用函数 $u=3(x_1{}^2+2x_1x_2+x_2{}^2)+10$ 的无差异曲线,请问这是哪一种偏好?

解:$u=3(x_1{}^2+2x_1x_2+x_2{}^2)+10=3(x_1+x_2)^2+10$

当 u 为定值时,$x_1+x_2=\sqrt{\dfrac{u-10}{3}}$,这显然是完全替代品的偏好,如图 2-4 所示。

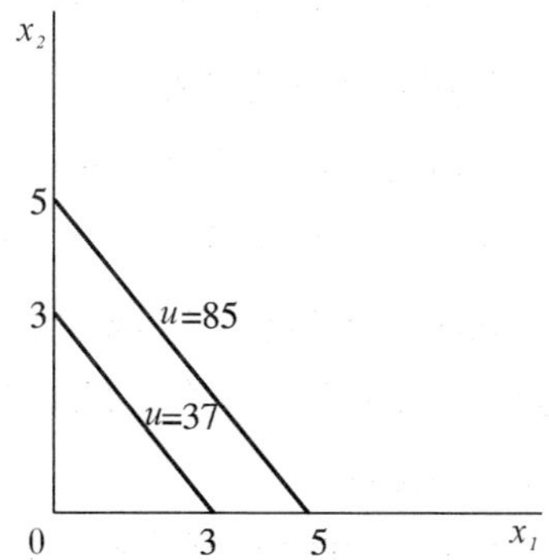

图 2-4　完全替代品偏好

5. 请求出柯布-道格拉斯效用函数的边际效用和边际替代率，请问边际替代率是否递减？

解：$u(x_1,x_2)=x_1^a x_2^b$

$$MU_1=\frac{\partial u}{\partial x_1}=ax_1^{a-1}x_2^b$$

$$MU_2=\frac{\partial u}{\partial x_2}=bx_1^a x_2^{b-1}$$

$$MRS_{12}=\frac{MU_1}{MU_2}=\frac{ax_1^{a-1}x_2^b}{bx_1^a x_2^{b-1}}=\frac{ax_2}{bx_1}$$

$\because$　$$\frac{\mathrm{d}MRS_{12}}{dx_1}=-\frac{ax_2}{bx_1^2}-\frac{a^2x_2}{b^2x_1^2}<0$$

$\therefore$　边际替代率递减。

三、思考题

1. 如何理解消费者的行为。
2. 预算集的含义是什么？预算线的含义是什么？
3. 预算约束线的斜率为什么为负？
4. 如果商品 1 的价格上涨 2 倍，商品 2 的价格上涨 1 倍，预算线变得更平缓还是更陡峭(商品 1 位于横坐标)?

5. 当政府对第一种商品进行从量补贴时,原来的价格为 P_1,如果补贴额为 S,那么补贴后第一种商品的价格应为多少?

6. 当政府对第一种商品进行从价补贴时,原来的价格为 P_1,如果补贴率为 s,那么补贴后第一种商品的价格应为多少?

7. 什么是理性偏好? 能否举出一个违背理性偏好的例子。

8. 什么是良好性状的偏好?

9. 请问为什么凸性偏好意味着“平均消费束比端点消费束更受偏好”?

10. 完全替代品的偏好是良好性状的偏好吗?

11. 边际替代率的含义是什么? 边际替代率递减的含义又是什么?

12. 请解释为什么效用函数单调变换后的函数仍然是代表相同偏好的效用函数。

14. 无差异曲线有什么特点?

15. 请问效用值可以为负值吗?

四、习题

1. 消费者的预算约束线为 $6x_1+10x_2=60$。请将以下曲线画在一张图中。

(1)请画出预算约束线。

(2)当政府对第一种商品进行从量补贴时,补贴额为 1 元,请写出新的预算线方程,并画出新的预算约束线。

(3)当政府对第二种商品征收从价税时,税率为 20%,请写出新的预算线方程,并画出新的预算约束线。

(4)当政府给消费者一次性总额补贴 30 元时,请写出新的预算线方程,并画出新的预算约束线。

(5)政府免费提供5个单位的第一种商品给消费者,请写出新的预算线方程,并画出新的预算线。

2. 如果消费者的效用函数为 $u=max(x_1,x_2)$,请画出其无差异曲线,请问该无差异曲线满足单调性吗? 满足凸性吗?

3. 请问下列偏好中哪些是良好性状的偏好:完全替代品的偏好、完全互补品的偏好、具有厌恶品的偏好、具有餍足情况的偏好、拟线性偏好和柯布-道格拉斯偏好。

4. 下列哪些是单调变化:

(1)$v=2u-8$

(2)$v=-1/u^2$

(3)$v=\ln u$

(4)$v=e^u$

(5)$v=-e^{-u}$

5. 有下列三个效用函数:

(1)$U(X,Y)=XY$

(2)$U(X,Y)=X^2Y^2$

(3)$U(X,Y)=\ln X+\ln Y$

请计算它们的边际效用和边际替代率,验证其是否满足边际效用递减规律和边际替代率递减规律,从中可以得到什么启示?

6. 请计算下列效用函数的边际效用和边际替代率:完全替代品的效用函数、完全互补品的效用函数、拟线性效用函数和柯布-道格拉斯效用函数。

7. 如果效用函数为 $u=u(x_1,x_2)$。

(1)求出函数的边际效用和边际替代率。

(2)证明如果边际替代率递减,一定有:$u_{11}(u_2)^2+u_{22}(u_1)^2-2u_1u_2u_{12}<0$。

(3)该效用函数为拟凹函数,请写出其定义表达式,并同(2)比较。

8. 消费者的效用函数为 $u=min\{x_1+2x_2,2x_1+x_2\}$。

(1)请画出其无差异曲线。

(2)当 $x_1=5,x_2=2$ 时,消费者愿意用多少 x_1 去交换一个 x_2? 当 $x_1=2,x_2=5$ 时呢? 当 $x_1=5,x_2=5$ 时呢?

9. 花掉所有的预算收入,可买到 4 个单位 X 和 6 个单位 Y,或者买到 12 个单位 X 和 2 个单位 Y,请画出预算线。预算线的斜率为多少? 全部买 X,能买多少个单位? 全部买 Y,能买多少个单位?

10. $U=ax+by$, $a-b>0$, 求 $x=4$, $y=12$ 时商品的边际替代率 $MRSxy$.

11. 下列效用函数表示何种偏好?

$U(x_1,x_2)=\sqrt{x_1+x_2}$

$U(x_1,x_2)=\sqrt{x_1x_2}$

$U(x_1,x_2)=x_1+\sqrt{x_2}$

12. 柯布-道格拉斯偏好效用函数为 $U(x_1,x_2)=x_1^ax_2^b$。求 x_1,x_2 的边际效用、边际替代率 MRS_{12},是否满足边际替代率递减? 是否满足凸性? 是否为良好性状的偏好? 能否用 $U(x_1,x_2)=a\ln x_1+b\ln x_2$ 表示柯布-道格拉斯偏好?

五、扩展习题

1. 效用函数 $u=(\alpha_1x_1^\rho+\alpha_2x_2^\rho)^{1/\rho}$ 称为常替代弹性效用函数,简称 CES 函数,其中 $\alpha_1+\alpha_2=1$。请证明:

(1)当 $\rho=1$ 时,函数为完全替代品的效用函数。

(2)当 $\rho\to0$ 时,函数为柯布-道格拉斯效用函数。

(3)当 $\rho\to-\infty$ 时,函数为完全互补品的效用函数。

2. 如果$\frac{\partial^2 u}{\partial x_1 \partial x_2}=\frac{\partial^2 u}{\partial x_2 \partial x_1}=0$,则称两种商品有独立的边际效用。请证明:当每种商品的边际效用递减时,具有独立边际效用的效用函数的边际替代率一定递减,但反过来不成立。

六、推荐阅读材料

1. DEBREU G. Theory of value[M]. New York: John Wiley,1959.

2. HICKS J. Value and capital[M]. Oxford: Clarendon Press,1939.

3. GREEN H. A. J. Consumer theory[M]. London:Macmillan,1976.

4. STIGLER, GEORGE. The development of utility theory[J]. Journal of Political Economy,1950,58(5):373-396.

5. 哈尔·R.范里安.微观经济学现代观点[M]. 费方域,朱保华,等译.9 版.上海:格致出版社,上海三联书店,上海人民出版社,2015.

第三章　效用最大化和支出最小化

一、学习目标

1. 实现效用最大化是消费者选择行为最基本的问题。效用最大化是指消费者在收入的约束下选择合适的消费束，以达到自身满足程度的最大化。

2. 效用最大化的一阶条件由三个等式联立构成。要注意的是，一阶条件只是消费者实现效用最大化的必要条件。

3. 效用最大化的一阶条件意味着消费者花在每种商品上的每一元钱所带来的边际效用必须相等，即等边际原则。这也意味着边际替代率要等于价格之比，在图形上反映为无差异曲线和预算线相切。

4. 当消费者实现效用最大化时，消费者就没有激励改变其选择行为，消费者此时处在一种均衡状态，因此一阶条件也称为消费者均衡条件。

5. 消费者效用最大化的二阶条件实际上要求偏好是凸性的，无差异曲线是凸向原点的，或者边际替代率递减，或者效用函数满足不等式：$u_{11}(u_2)^2+u_{22}(u_1)^2-2u_1u_2u_{12}<0$，即效用函数为拟凹函数。

6. 根据效用最大化的一阶条件可以求出消费者的需求函数，即马歇尔需求函数。马歇尔需求函数是关于价格和收入的零次齐次函数。

7. 将马歇尔需求函数 $x_i(P_i,y)$ 代入目标函数 $U(x)$，就得到间接效用函数。间接效用函数反映的是消费者的最优效用水平如何取决于消费者的收入水平和商品的价格水平。

8. 间接效用函数是关于价格和收入的零次齐次函数、收入的严格递增函数、单个价格的递减函数。

9. 如果知道了间接效用函数，就可以根据罗伊恒等式计算出马歇尔需求函数。

10. 支出最小化是效用最大化的对偶问题。支出最小化的一阶条件包含三个等式。支出最小化的一阶条件意味着消费者选择要满足等边际原则，消费者的边际替代率要等于商品价格之比。

11. 通过支出最小化的一阶条件可以求得消费者的希克斯需求函数，它是价格和效用水平的函数。我们还可以把希克斯需求函数代入目标函数得到消费者的支出函数。它代表着给定消费者的效用水平和商品的价格，消费者的最小支出水平。

12. 谢泼德引理告诉我们，通过支出函数对价格求导就可以得到希克斯需求函数。

13. 效用最大化和支出最小化的关系体现在下面两个命题中：

(1) 消费者收入为 y 时，$x^*=(x_1^*,x_2^*)$ 是 UMP 的解，那么当效用水平为 $u(x^*)$ 时，x^* 也是 EMP 的解，而且这时的最优支出水平正好为 y。

(2) 当效用水平为 u 时，$x^*=(x_1^*,x_2^*)$ 是 EMP 的解，那么当收入为 $p_1x_1^*+p_2x_2^*$ 时，x^* 也是 UMP 的解，此时的效用水平正好是 u。

二、例题

1. 请判断书中第三章第一节例 1 的解是否满足二阶条件。

解：$u(x_1,x_2)=x_1^a x_2^b$

$u_1=ax_1^{a-1}x_2^b$

$$u_2=bx_1^{\ a}x_2^{\ b-1}$$

$$u_{11}=a(a-1)x_1^{\ a-2}x_2^b$$

$$u_{22}=b(b-1)x_1^{\ a}x_2^{\ b-2}$$

$$u_{12}=abx_1^{\ a-1}x_2^{\ b-1}$$

$$u_{11}(u_2)^2+u_{22}(u_1)^2-2u_1u_2u_{12}$$

$$=a(a-1)x_1^{\ a-2}x_2^b(bx_1^{\ a}x_2^{\ b-1})^2+b(b-1)x_1^{\ a}x_2^{\ b-2}(ax_1^{\ a-1}x_2^b)^2-2(ax_1^{\ a-1}x_2^b)(bx_1^{\ a}x_2^{\ b-1})(abx_1^{\ a-1}x_2^{\ b-1})$$

$$=a(a-1)b^2x_1^{\ 3a-2}x_2^{\ 3b-2}+b(b-1)a^2x_1^{\ 3a-2}x_2^{\ 3b-2}+2a^2b^2x_1^{\ 3a-2}x_2^{\ 3b-2}$$

$$=-ab(a+b)x_1^{\ 3a-2}x_2^{\ 3b-2}<0$$

所以,满足二阶条件。

2. 验证书中第三章第一节例 2 的间接效用函数是否满足间接效用函数的性质。

解:$V(p_1,p_2,y)=\left(\frac{a}{a+b}\frac{y}{p_1}\right)^a\left(\frac{b}{a+b}\frac{y}{p_2}\right)^b$

(1)
$$V(tp_1,tp_2,ty)=\left(\frac{a}{a+b}\frac{ty}{tp_1}\right)^a\left(\frac{b}{a+b}\frac{ty}{tp_2}\right)^b=\left(\frac{a}{a+b}\frac{y}{p_1}\right)^a\left(\frac{b}{a+b}\frac{y}{p_2}\right)^b=V(p_1,p_2,y)$$

满足性质 1:间接效用函数是关于价格和收入的零次齐次函数。

(2)
$$\frac{\partial v}{\partial y}=\left(\frac{a}{a+b}\frac{1}{p_1}\right)^a\left(\frac{b}{a+b}\frac{1}{p_2}\right)^b(a+b)y^{a+b-1}>0$$

满足性质 2:间接效用函数是收入的严格递增函数。

(3)
$$\frac{\partial v}{\partial p_1}=\left(\frac{a}{a+b}y\right)^a\left(\frac{b}{a+b}\frac{y}{p_2}\right)^b(-a)p_1^{\ -a-1}<0$$

$$\frac{\partial v}{\partial p_2}=\left(\frac{a}{a+b}\frac{y}{p_1}\right)^a\left(\frac{b}{a+b}y\right)^b(-b)p_2^{\ -b-1}<0$$

满足性质 3:间接效用函数是单个价格 p_i 的递减函数。

$$(4)-\frac{\partial v/\partial p_1}{\partial v/\partial y}=\frac{-\left[\left(\frac{a}{a+b}y\right)^a\left(\frac{b}{a+b}\frac{y}{p_2}\right)^b(-a)p_1^{-a-1}\right]}{\left[\left(\frac{a}{a+b}\frac{1}{p_1}\right)^a\left(\frac{b}{a+b}\frac{1}{p_2}\right)^b(a+b)y^{a+b-1}\right]}$$

$$=\frac{a}{a+b}\frac{y}{p_1}$$

$$-\frac{\partial v/\partial p_2}{\partial v/\partial y}=\frac{-\left[\left(\frac{a}{a+b}\frac{y}{p_1}\right)^a\left(\frac{b}{a+b}y\right)^b(-b)p_2^{-b-1}\right]}{\left[\left(\frac{a}{a+b}\frac{1}{p_1}\right)^a\left(\frac{b}{a+b}\frac{1}{p_2}\right)^b(a+b)y^{a+b-1}\right]}$$

$$=\frac{b}{a+b}\frac{y}{p_2}$$

满足性质 4:间接效用函数满足罗伊恒等式。

3. 当效用函数为 $u=x_1x_2$ 时,求出马歇尔需求函数和间接效用函数。

解:构造拉格朗日函数如下。

$$L=x_1x_2+\lambda(y-p_1x_1-p_2x_2)$$

一阶条件如下:

$$\partial L/\partial x_1=x_2-\lambda p_1=0\Rightarrow x_2=\lambda p_1$$

$$\partial L/\partial x_2=x_1-\lambda p_2=0\Rightarrow x_1=\lambda p_2$$

$$\partial L/\partial\lambda=y-p_1x_1-p_2x_2=0$$

通过一阶条件可以求得:

$$x_1=\frac{y}{2p_1}$$

$$x_2=\frac{y}{2p_2}$$

间接效用函数为：

$$V=u(x_1,x_2)=x_1x_2=\frac{y}{2p_1}\cdot\frac{y}{2p_2}=\frac{y^2}{4p_1p_2}$$

4. 当效用函数为 $u=x_1x_2$ 时，求出其希克斯需求函数和支出函数，并和题 3 比较，验证马歇尔需求函数和希克斯需求函数之间的相互转换关系。

解：构造拉格朗日函数。

$$L=(p_1x_1+p_2x_2)+\theta[u-x_1x_2]$$

一阶条件如下：

$$\partial L/\partial x_1=p_1-\theta x_2=0\Rightarrow p_1=\theta x_2$$

$$\partial L/\partial x_2=p_2-\theta x_1=0\Rightarrow p_2=\theta x_1$$

$$\partial L/\partial\theta=u-x_1x_2=0\Rightarrow x_1x_2=u$$

通过一阶条件可解得：

$$h_1=\sqrt{\frac{p_2u}{p_1}}$$

$$h_2=\sqrt{\frac{p_1u}{p_2}}$$

支出函数如下：

$$e=p_1h_1+p_2h_2=p_1\sqrt{\frac{p_2u}{p_1}}+p_2\sqrt{\frac{p_1u}{p_2}}=2\sqrt{p_1p_2u}$$

根据书中第三章第二节的效用最大化和支出最小化关系的命题(1)，当 $u=v=\frac{y^2}{4p_1p_2}$ 时，希克斯需求等于马歇尔需求：

$$h_1=\sqrt{\frac{p_2u}{p_1}}=\sqrt{\frac{p_2}{p_1}}\cdot\sqrt{\frac{y^2}{4p_1p_2}}=\frac{y}{2p_1}=x_1$$

$$h_2=\sqrt{\frac{p_1u}{p_2}}=\sqrt{\frac{p_1}{p_2}}\cdot\sqrt{\frac{y^2}{4p_1p_2}}=\frac{y}{2p_2}=x_2$$

根据书中第三章第二节的效用最大化和支出最小化关系的命题(2)，当 $y=e=2\sqrt{p_1p_2u}$ 时，马歇尔需求等于希克斯需求：

$$x_1=\frac{y}{2p_1}=\frac{2\sqrt{p_1p_2u}}{2p_1}=\sqrt{\frac{p_2u}{p_1}}=h_1$$

$$x_2=\frac{y}{2p_2}=\frac{2\sqrt{p_1p_2u}}{2p_2}=\sqrt{\frac{p_1u}{p_2}}=h_2$$

可见，马歇尔需求函数和希克斯需求函数是能够相互转化的。

5. 当效用函数为 $u=\ln x_1+\ln x_2$ 时，求马歇尔需求函数，并和题 3 比较，得出什么结论?

解：构造拉格朗日函数。

$L=(\ln x_1+\ln x_2)+\lambda(y-p_1x_1-p_2x_2)$

一阶条件如下：

$\partial L/\partial x_1=1/x_1-\lambda p_1=0\Rightarrow 1/x_1=\lambda p_1$

$\partial L/\partial x_2=1/x_2-\lambda p_2=0\Rightarrow 1/x_2=\lambda p_2$

$\partial L/\partial \lambda=y-p_1x_1-p_2x_2=0$

通过一阶条件可求得：

$$x_1=\frac{y}{2p_1}$$

$$x_2=\frac{y}{2p_2}$$

同题 3 比较，我们看到两题的需求函数是一样的。关键的原因在于两题的效用函数互为单调变换，代表相同的偏好关系，因此两题中消费者的最优选择是一样的。

三、思考题

1. 效用最大化的一阶条件是什么? 满足了一阶条件的解就一定实现了消费者效用最大化吗?

2. 什么是消费者的等边际原则?

3. 如果无差异曲线和预算线不相切,此时边际替代率与价格比不相等,比如边际替代率小于价格比。请问消费者如何调整其购买量?

4. 效用最大化的二阶条件的实质要求是什么?

5. 当消费者的收入和商品价格同时翻一番时,消费者实现效用最大化的需求量如何变化?

6. 当两种商品的价格同步上升时,消费者的效用水平是增加还是减少? 如果消费者的收入同步增加,消费者的效用水平如何呢?

7. 当商品的价格上升时,消费者的支出水平会上升吗?

8. 请问希克斯需求函数和马歇尔需求函数的区别与联系是什么?

9. 当消费者的效用水平为 U 时,消费者的支出水平为多少? 当消费者的收入为前一问的支出水平时,消费者的最大效用是多少?

10. 什么是罗伊恒等式? 它有什么用处?

11. 谢泼德引理是什么? 它的基本含义是什么?

四、习题

1. 当效用函数为完全替代品的效用函数时,求马歇尔需求函数并绘出示意图。

2. 当效用函数为完全互补品的效用函数时,求马歇尔需求函数并绘出示意图。

3. 设一个消费者的直接效用函数为 $u=a\ln x_1+x_2$,构造出该消费者的间接效用函数,并运用罗伊恒等式去构造关于两种物品的需求函数。验证:这样得到的需求函数与从直接效用函数推得的需求函数是相同的。

4. 怀特的效用函数取决于他喝了多少马天尼 $U(m)=m$。同时,他只喝由两个单位杜松子酒(g)和一个单位苦艾酒(v)调配成的马天尼。因此,我们可以把他的效用函数重写为:$U(m)=U(g,v)=\min(g/2,v)$。

(1)画出怀特关于 g 和 v 的无差异曲线。证明无论两种成分的价格如何变化,都不会改变他调制马天尼的方法。

(2)计算 g 和 v 的需求函数。

(3)运用(2)中的结果说明怀特的间接效用函数是什么?

(4)计算怀特的支出函数,证明对于不同的效用,支出是 p_g 和 p_v 的函数。

5. 当消费者的效用函数 $u=\sqrt{x_1x_2}$,$p_1=1$,$p_2=4$,$y=8$ 时,求:

(1)消费者的需求量和效用水平。

(2)当对消费者征收 2 元的总额税时,消费者的需求量变为多少?效用水平为多少?

(3)如果对第 1 种商品征收从量税,每个单位的商品征收 1 元,消费者的需求量变为多少?效用水平为多少?

(4)征收从量税时,税收总额为多少?与(2)比较,可得出什么结论?

6. 当效用函数为 $u=\ln x_1+\ln x_2$ 时,求希克斯需求函数和支出函数,并验证谢泼德引理。

7. 当 $u=\sqrt{x_1x_2}$ 时,求希克斯需求函数和支出函数,并和题 6 中的结果进行比较。

8. 消费者效用函数为 $u=\sqrt{x_1^2+x_2^2}$,当 $p_1=3$,$p_2=4$,$y=50$ 时,求效用最大化的需求量,并验证二阶条件。

9. 请问以下函数可以作为马歇尔需求函数吗?为什么?

$$x(p_1\ p_2\ y)=\frac{2p_1y}{p_1^2+p_2^2}$$

10. 柯布-道格拉斯偏好效用函数为 $U(x_1,x_2)=x_1^a x_2^b$，预算约束为 $m=p_1x_1+p_2x_2$。

(1)求出马歇尔需求函数。

(2)求出间接效用函数。

(3)验证罗伊恒等式。

11. 已知效用函数为 $U=\text{Ln}x+\text{Ln}y$，商品价格为 P_x 和 P_y。

(1)求出希克斯需求函数。

(2)求出支出函数。

(3)验证谢泼德引理。

12. 完全互补偏好，效用函数为 $U(x,y)=min(x,4y)$，预算约束为 $m=p_1x_1+p_2x_2$，求解马歇尔需求函数。

13. 效用函数为 $U=q^{\frac{1}{2}}+2m$，q 为消费的商品量，价格为 P，收入为 m，求解需求曲线。

14. 若无差异曲线是一条斜率为 t 的直线，$t<0$，消费者选择价格为 P_1 和 P_2 的两种商品，预算收入为 m。请讨论消费者最优的商品组合并绘图。

15. 假设一位消费者想在北京、上海与广州三座城市中选择最佳居住地，假设他的选择只根据其效用函数 $u=x_1x_2$ 来决定。已知北京的价格为 (p_1^b,p_2^b)，上海的价格为 (p_1^s,p_2^s)，且 $p_1^bp_2^b=p_1^sp_2^s$，但是 $p_1^b\neq p_1^s$，$p_2^b\neq p_2^s$，广州的价格为 (P_1^g,p_2^g)，其中 $p_1^g=\frac{1}{2}(p_1^b+p_1^s)$，$p_2^g=\frac{1}{2}(p_2^g+p_2^s)$，请问该消费者应该选择在广州居住吗？

五、扩展习题

1. 当效用函数为 $u=(\alpha_1x_1^\rho+\alpha_2x_2^\rho)^{1/\rho}$ 时，验证间接效用函数和支出函数之间的对偶关系以及马歇尔需求和希克斯需求之间的对偶关系。

2. 设效用函数为拟线性效用函数 $u(x_1,x_2)=x_1+f(x_2)$，$p_1=1$，p_2 为第二种商品的价格，y 为收入。求：马歇尔需求函数和间接效用函数、希克斯需求函数和支出函数，并讨论它们的形式有何特点。

六、推荐阅读材料

1. SHEPHARD R.W. Theory of cost and production Functions[M]. Princeton：Princeton University Press，1970.

2. 詹姆斯·M. 享德森，里查德·E. 匡特.中级微观经济理论：数学方法[M]. 苏通，译.北京：北京大学出版社，1988.

3. 平新乔.微观经济学十八讲[M]. 北京：北京大学出版社，2001.

4. 克里斯托弗·斯奈德，沃尔特·尼科尔森.微观经济理论：基本原理与扩展[M].杨筠，译.11 版.北京：北京大学出版社，2015.

5. 杰弗里·杰里，菲利普·J.瑞尼.高级微观经济理论[M]. 谷宏伟，译.3 版.北京：中国人民大学出版社，2012.

第四章　比较静态和福利分析

一、学习目标

1. 收入提供曲线是随着收入变化的最优消费束的轨迹。通过收入提供曲线可以得到恩格尔曲线，即消费者收入与需求量之间的关系曲线。

2. 需求量随着收入的增加而增加的商品称为正常品，需求量随着消费者收入的增加而减少的商品称为低档品。

3. 价格提供曲线是随着价格变化的最优消费束的轨迹。价格提供曲线可以推得需求曲线，即商品价格与需求量之间的关系曲线。

4. 在价格变化的总效应中，我们可以分离出两种效应：一种是替代效应，另一种是收入效应。

5. 替代效应是指商品价格发生变化时，即一种商品变得相对便宜，另一种商品就会变得相对较贵，那么消费者就会很自然地用较便宜的商品去替换相对较贵的商品。替代效应本质上是要反映商品相对价格发生变化时对商品需求量的影响。替代效应始终为负。

6. 收入效应是指由于价格的变化，消费者实际收入发生改变而引起的需求量的变化。正常品的收入效应为负，而低档品的收入效应为正。

7. 正常品和一般低档品都满足需求规律，即价格变化与需求量的变化呈反方向变动，而吉芬商品不满足需求定律，其需求量随着价格的上升而上升。

8. 斯勒茨基方程用数学形式严格地表达了总效应、替代效应和收入效应的关系，同时我们也可以看到马歇尔需求曲线和希克斯需求曲线的关系。

9. 弹性是用来测量因变量变动对自变量变动的敏感度的指标。在经济学中常用的弹性有需求的收入弹性、需求自价格弹性和需求交叉价格弹性。

10. 恩格尔加总法则和古诺加总法则是需求函数很重要的比较静态性质。

11. 消费者剩余（CS）是指马歇尔需求曲线和价格水平曲线之间的面积。虽然这是用来衡量消费者福利的一个最常用的指标，但它是一个近似的指标。

12. 商品价格变化后，消费者的福利水平也会发生变化。如果在新的价格水平下，给消费者一定数量的货币补偿，使其能够回到原来的效用水平，那么补偿的货币数量就可以用来衡量消费者福利变化的大小，补偿的货币数量就是补偿变化。

13. 等价变化说的是商品价格变化后，消费者在原来的价格水平下，达到新的效用水平时的支出水平与原来支出水平的差额。

14. (x_1^a, x_2^a)被直接显示偏好于(x_1^b, x_2^b)，实际上是指在(x_1^a, x_2^a)和(x_1^b, x_2^b)都能购买得起的情况下，消费者会优先选择(x_1^a, x_2^a)。

15. 显示偏好原理说明如果(x_1^a, x_2^a)被直接显示偏好于(x_1^b, x_2^b)，那么对消费者而言，有(x_1^a, x_2^a)偏好于(x_1^b, x_2^b)。

16. 如果(x_1^a, x_2^a)被直接显示偏好于(x_1^b, x_2^b)，同时(x_1^a, x_2^a)被间接显示偏好于(x_1^b, x_2^b)，我们称(x_1^a, x_2^a)被显示偏好于(x_1^b, x_2^b)。

17. 显示偏好弱公理是指如果(x_1^a, x_2^a)被直接显示偏好于(x_1^b, x_2^b)，且$(x_1^a, x_2^a) \neq (x_1^b, x_2^b)$，那么$(x_1^b, x_2^b)$就不可能被直接显示偏好于$(x_1^a, x_2^a)$。

18. 显示偏好弱公理意味着替代效应为负。

二、例题

1. 画出完全替代品偏好的收入提供曲线和恩格尔曲线。

解：如图 4-1 所示，当价格比小于边际替代率时，无差异曲线比预算线更陡峭。此时，消费者的最优选择是只购买第 1 种商品，而不购买第 2 种商品，于是收入提供曲线为横轴。商品 1 的恩格尔曲线如图 4-2 所示。

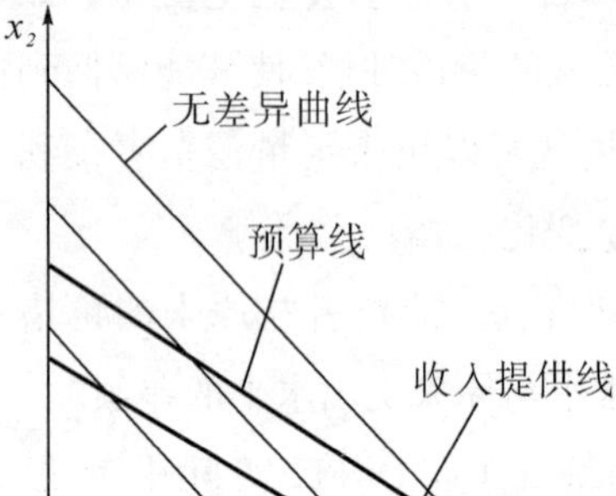

图 4-1　完全替代品偏好的收入提供曲线

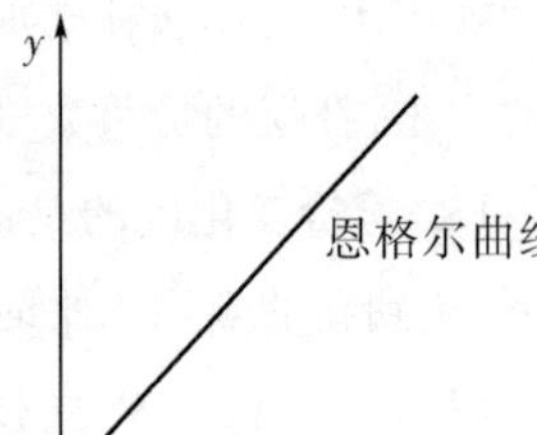

图 4-2　完全替代品偏好的恩格尔曲线

2. 画出完全互补品偏好的价格提供曲线和需求曲线。

解：如图 4-3、图 4-4 所示。

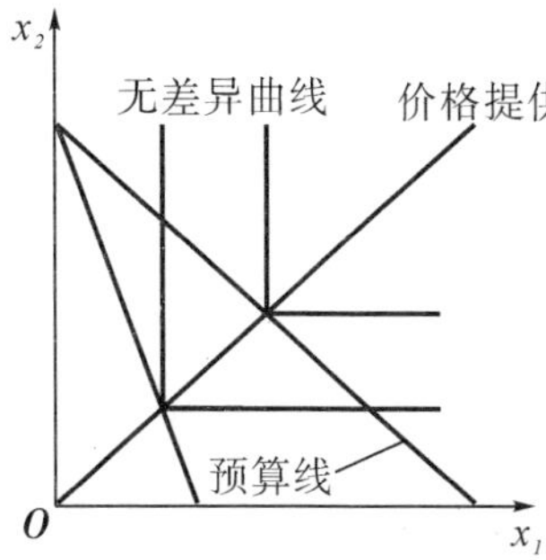

图 4-3　完全互补品偏好的价格提供曲线

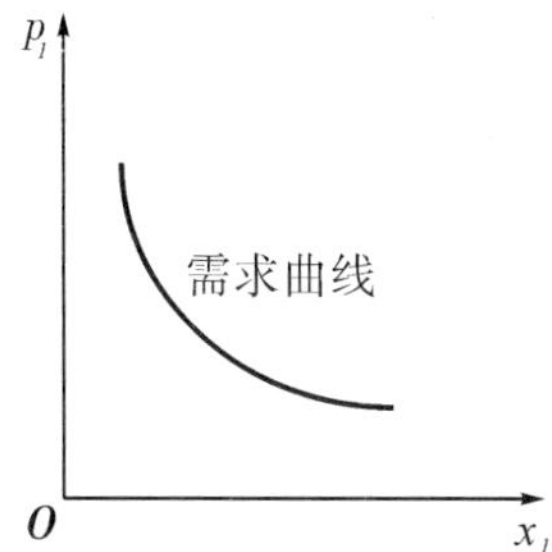

图 4-4　完全互补品偏好的需求曲线

3. 请画出正常品价格上升时的价格效应分解图。

解：如图 4-5 所示。

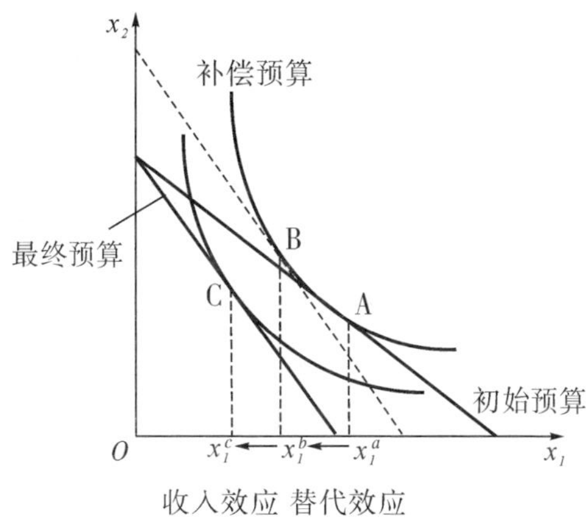

图 4-5　正常品的价格效应分解

4. 如果需求函数为直线形方程 $q=a-bp$，求出需求价格弹性的表达式，并讨论弹性的分布。

解：需求价格弹性 $\varepsilon=\frac{\mathrm{d}q}{\mathrm{d}p}\times\frac{p}{q}=-b\times\frac{p}{q}=-b\times\frac{p}{a-bp}$

当$|\varepsilon|=1$时，为单位弹性，此时$b\times\frac{p}{a-bp}=1$，即$p=\frac{a}{2b}$，$q=\frac{a}{2}$，当点为直线的中点时，需求价格弹性为1，如图4-6所示。

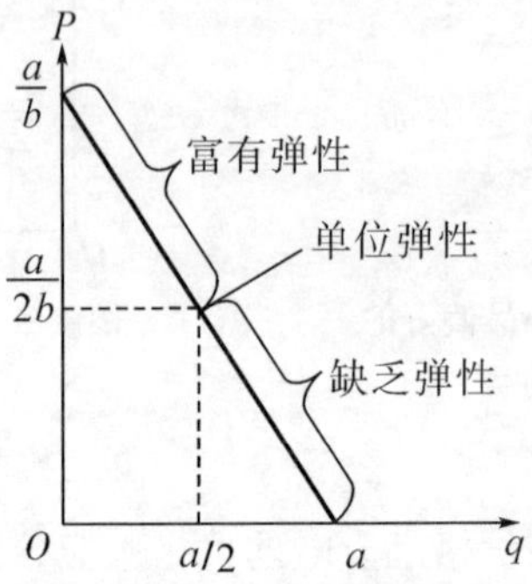

图4-6　线性需求函数的弹性分布

当$|\varepsilon|>1$时，为富有弹性，此时$p>\frac{a}{2b}$，$q<\frac{a}{2}$，为曲线的上半部分。

当$|\varepsilon|<1$时，为缺乏弹性，此时$p<\frac{a}{2b}$，$q>\frac{a}{2}$，为曲线的下半部分。

5. 效用函数为$u=x_1x_2$，初始价格$p_1=1$，$p_2=1$，收入$y=24$。当商品1的价格变为2时，求希克斯分解替代效应和收入效应。

解：在初始价格和收入时，可求得$x_1=12$，$x_2=12$，此时的效用水平$u=144$。

当商品1的价格变为2时，可求得$x_1=6$，$x_2=12$。

所以总效应$=6-12=-6$。

当效用水平为$u=144$，价格为$p_1=2$，$p_2=1$时，可求得$x_1=6\sqrt{2}$，$x_2=12\sqrt{2}$。

替代效应$=6\sqrt{2}-12=-3.51$。

收入效应$=6-6\sqrt{2}=-2.59$。

三、思考题

1. 什么是收入提供曲线和恩格尔曲线?

2. 什么是价格提供曲线和需求曲线?

3. 吉芬商品的马歇尔需求曲线是什么形状? 一般低档品的马歇尔需求曲线又是什么形状?

3. 请问“替代效应始终为负,收入效应始终为正”这句话正确吗?

4. 请解释斯勒茨基方程的含义。

5. 请思考一般低档品和吉芬商品的马歇尔需求曲线和希克斯需求曲线的关系。

6. 请分别举出一些低档品、必需品和奢侈品的例子。

7. 在经济中,如果只有两种商品,这两种商品会不会都是低档品?

8. 请举出一些替代品和互补品的例子。

9. 弹性和总收益的关系是什么? 弹性和边际收益的关系是什么?

10. 什么是恩格尔加总原则? 什么是古诺加总原则? 讨论它们所蕴含的经济含义。

11. 消费者剩余的含义是什么? 价格下降后,消费者剩余会增加还是减少? 请分解消费者剩余的变化并说明其含义。

12. 什么是补偿变化? 什么是等价变化?

13. 在股市上有一句话叫“买涨不买跌”,这是否意味着股票是吉芬商品?

14. 吉芬商品一定是低档品,反过来也可以说低档品一定也是吉芬商品。请问这句话是否正确?

15. 显示偏好意味着偏好吗? 反之成立吗?

16. 为什么(x_1^a, x_2^a)被直接显示偏好于(x_1^b, x_2^b)，(x_1^b, x_2^b)被直接显示偏好于(x_1^c, x_2^c)，并不意味着(x_1^a, x_2^a)被直接显示偏好于(x_1^c, x_2^c)。

四、习题

1. 请画出拟线性偏好的收入提供曲线和恩格尔曲线。

2. 请画出完全替代品偏好的价格提供曲线和需求曲线。

3. 请绘出价格上升时的一般低档品和吉芬商品的价格效应分解图。

4. 请绘出完全替代偏好、完全互补偏好和拟线性偏好的价格效应分解图，并以此说明不同偏好的特征。

5. 设消费者对某种商品的需求函数是 $x_1 = 10+\dfrac{y}{10p_1}$，如果最初商品的价格为 3 元，收入为 120 元，当商品价格下降为 2 元，求斯勒茨基分解的收入效应和替代效应。

6. 政府对消费者购买的某种商品征收从量税，然后把征收所得的税额全部返还给消费者。请画图描绘这种情形，并讨论消费者的效用水平是提高还是下降了？为什么会这样？

7. 假定消费者的效用函数为 $u = {x_1}^2 x_2$，初始价格和收入分别为 $p_1 = 2, p_2 = 2, y = 48$。如果第 2 种商品的价格下降变为 $p_2 = 1$ 时，求价格变化的收入效应和替代效应。

8. 已知需求函数 $Q = AP^{-b}$，求：

(1)反需求函数 $p(Q)$。

(2)计算需求价格弹性，说明当 b 为多少时，需求富有弹性。

(3)证明 $p(Q)/MR(Q)$ 与 Q 无关。

9. 小赵消费蛋糕和面包。他对蛋糕的需求函数为 $Q_c = I-30P_c+20P_b$，其中 I 是小赵的收入，P_c 是蛋糕的价格，P_b 是面包的价格。对小赵来说，蛋糕是面包的替代品还是互补品？

10. 证明:当经济中只包含两种商品时,如果一种商品为低档品,那么另外一种商品就一定是奢侈品。

11. 消费者的效用函数为 $u=\sqrt{x_1x_2}$,消费者的收入为 100,面临的初始价格为(1,1)。当商品 1 的价格上升为 2 时,求补偿变化和等价变化。

12. 消费者的需求函数为 $q=a-bp$,当政府对消费者征收从价税时,消费者支付的价格变为 $p(1+\tau)$。请计算消费者剩余的损失和政府征得的税额,并比较两者的大小。

13. 若效用函数为 $u=x_1x_2+x_2$,求马歇尔需求函数并验证恩格尔加总法则和古诺加总法则。

14. 效用函数为 $u=(x_1)^a(x_2)^{1-a}(0<a<1)$,商品 1 的价格为 3,商品 2 的价格为 2,求收入提供曲线和商品 1 的恩格尔曲线。

15. 消费者的效用最大化选择决定对一种商品的需求具有以下函数形式:$\ln(q)=3+b\ln(p)+0.3\ln(p_r)+0.2\ln(y)$。其中,$p_r$ 是相关商品的价格,y 是消费者的收入,求消费者对此商品的需求价格弹性。

16. 某消费者原来每月煤气开支为 10 元,现在煤气每期价格上涨了 100%,其他商品价格不变,政府给予该消费者 10 元作为补贴。请画图分析并说明该消费者的处境是改善了还是恶化了。

17. 消费者效用函数为 $u=\min\{x_1,x_2\}$,商品 1 价格为 2,商品 2 价格为 3,收入为 10。如果消费者得到货币补贴 10,求最优选择。如果消费者得到的补贴是 5 个单位的第一种商品且不能转售,求最优选择。哪一种补贴方式能为消费者带来更高的效用? 用货币度量这里的效用差额。

18. 某人的效用函数是 $u(x_1,x_2)=x_1x_2$,他居住在成都,每月可以得到工资收入 1 500 元,两种商品的价格都为 1。他将被派往另一个城市广州,那里商品 1 的价格不变,但商品 2 的价格为 2。他抱怨说,这次调动相当于工资减少了 A 元,又说如果工资提高 B 元的话,他一点都不介意这次调动。不考虑迁移的成本和城市的环境等因素,求

A 和 B,并求出补偿变化 CV 与等价变化 EV。

19. 一个消费者的效用函数为 $u=v(x_1)+x_2$,而且满足 $v'>0$, $v''<0$。请画图说明当第一种商品的价格下降时的价格效应分解。

20. 消费者的效用函数为 $u=x_1x_2+x_2$,商品的价格为 p_1 和 p_2,收入为 y。

(1)请用马歇尔需求函数求解出两种商品的交叉价格弹性,并说明两种商品之间的关系。

(2)请用希克斯需求函数求解出两种商品的交叉价格弹性,并说明两种商品之间的关系。

21. 消费者消费两种商品,当价格 $p_1=8$,$p_2=6$ 时,消费者的需求量为 $x_1=10$,$x_2=20$,请问当商品价格变为 $P_1=10$,$p_2=5$ 时,消费者的福利水平是提高还是降低了?

22. 表 4-1 中的数据是我们观测消费者的一系列消费的数据。请问:消费者的行为满足显示偏好弱公理吗?

表 4-1 消费数据

	p_1	p_2	x_1	x_2
数据 1	1	2	1	2
数据 2	2	1	2	1
数据 3	1	1	2	2

23. 请证明:如果消费者行为满足显示偏好弱公理,那么斯勒茨基的替代效应为负。

五、扩展习题

1. 若效用函数为 $u(x_1,x_2,x_3)=v(x_1)+v(x_2)+v(x_3)$,每种商品的边际效用都为正,且每种商品的边际效用都递减。请证明:这三种商品都不是低档品而且都满足需求定律。

2. 一般来说，$\frac{\partial x_1}{\partial p_2} \neq \frac{\partial x_2}{\partial p_1}$。请证明：不管价格如何变化，消费者在每一种商品上的支出占收入的比重保持不变，那么有$\frac{\partial x_1}{\partial p_2}=\frac{\partial x_2}{\partial p_1}$。

3. 设消费者的效用函数为 $u=x_1x_2x_3$，预算约束为 $p_1x_1+p_2x_2+p_3x_3=y$，并设 $x_c=x_1+(p_2/p_1)x_2$，如果把 x_c 看成一种商品，那么请以 x_c 的方式来阐述消费者效用最大化问题，并求出最优的 x_c。

六、推荐阅读材料

1. DWYER G P, C M LINDSAY. Robert giffen and the irish potato [J]. American Economic Review, 1984(74): 188-192.

2. FREIDMAN, MILTON. The marshallian demand curve [J]. Journal of Political Economy, 1949, 57(6): 463-495.

3. KIHLSTROM R A, MAS-COLELL H SONNENSCHEIN. The demand theory of the weak axiom of revealed preference[J]. Econometrica, 1976(44): 971-978.

4. RICHTER M. Revealed preference theory [J]. Econometrica, 1966(34): 635-45.

5. CHIPMAN J S, J MOORE. Compensating variation, consumer's surplus and welfare[J]. American Economic Review, 1980(70): 933-948.

6. HAUSMAN J. Exact consumer surplus and deadweight loss [J]. American Economic Review, 1981(71): 662-76.

7. WILLIG R. Consumer's surplus without apology[J]. American Economic Review, 1976(66): 589-597.

第五章　具有初始禀赋的消费者行为

一、学习目标

1. 初始禀赋是消费者拥有的初始物品。消费者通过在市场上交换这些初始物品来获得收入。

2. 总需求为消费者对商品的最终消费的数量;净需求表示消费者在市场上实际购买或者销售的量,等于总需求量减去禀赋量。如果净需求是正值,那么消费者就是该商品的净购买者;如果净需求是负值,那么消费者就是该商品的净提供者。

3. 具有禀赋的预算线一定过禀赋点,斜率为$-p_1/p_2$。

4. 具有初始禀赋的消费者选择行为的一阶条件与前面的消费者效用最大化行为的一阶条件一样,即边际替代率等于两种商品的价格比。但这时求得的需求量是价格和禀赋量的函数。

5. 如果消费者起初是商品的净购买者,当所购买的商品的价格下降时,消费者仍然会是净购买者,而且消费者的福利水平会增加;当所购买的商品的价格上升时,如果消费者仍然是净购买者,那么消费者的福利会下降。

6. 具有禀赋的斯勒茨基方程反映了具有初始禀赋的消费者行为的价格变化效应。这里的价格变化效应也分为替代效应和收入效应,但收入效应又分为普通收入效应和禀赋收入效应,

7. 禀赋收入效应是指由于禀赋的存在,价格变化后会引起名义收入的变化,从而造成实际收入变化而引起的收入效应。

8. 劳动供给的选择是消费者必须在劳动时间和休闲时间上做出安排，以实现时间的合理应用从而实现效用最大化。最终，模型转化为休闲时间与消费之间的选择来实现效用的最大化。

9. 我们往往假设休闲是一种正常品，随着收入的增加，消费者往往选择更多的休闲时间，而减少劳动时间。

10. 背弯的劳动供给曲线是具有禀赋的替代效应和收入效应的具体运用。它说明工资上升，劳动供给的反应是不确定的。它取决于替代效应和收入效应的大小。当替代效应大于收入效应，工资上涨，劳动供给增加；反之，当替代效应小于收入效应，工资上涨，劳动供给减少。

11. 消费者的跨期选择是具有禀赋的消费者选择理论的另外一种运用。

12. 消费者最初是借款者，如果利率上升，消费者仍然是借款者，那么消费者福利水平降低；如果利率下降，消费者最优选择一定还是做一个借款者，而不会变为一个储蓄者。

13. 资产市场或金融机构的一个主要职能是跨期配置资源，以实现资源的合理运用。

14. 现值实际上是用现在的价格来度量今后资产的价值，永久支付利息债券的现值 $PV=x/r$。

15. 当资产市场不存在不确定性时，各种资产一定就有相同的报酬率。

二、例题

1. 若消费者初始为净提供者，当价格发生变化时，消费者福利如何变化，能得到什么结论？

解：如图 5-1 所示，当消费者最初的选择为 A 点时，消费者为商品 1 的净提供者，当商品 1 的价格上升，消费者一定还是净提供者，且消费者的福利水平增加。反过来说，若消费者最初为净提供者，商品价格下降后，如果消费者仍然是净提供者，那么消费者的福利水平一定降低。

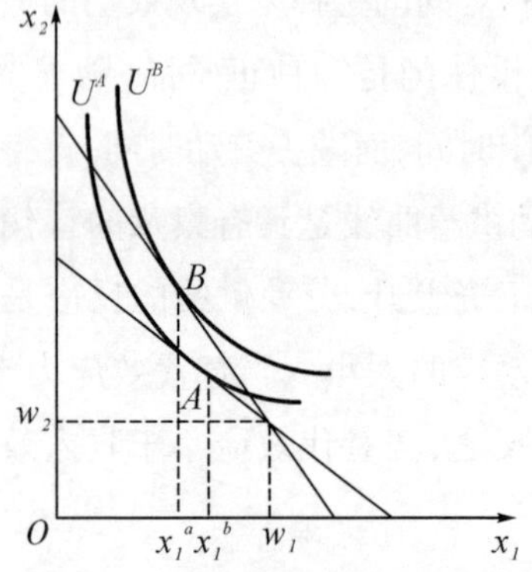

图 5-1 净提供者的福利变化

2. 当休闲是一种低档品时，劳动供给曲线是什么形状？

解：若休闲是一种低档品，则$\frac{\partial R}{\partial y}<0$，根据斯勒茨基方程

$\frac{\partial R}{\partial w}=\frac{\partial h_R}{\partial w}+(T-R)\frac{\partial R}{\partial y}<0$，即$\frac{\partial R}{\partial w}<0$，$\frac{\partial L}{\partial w}>0$。

所以，劳动供给曲线是一条斜率为正的曲线，如图 5-2 所示，不会出现背弯情况。

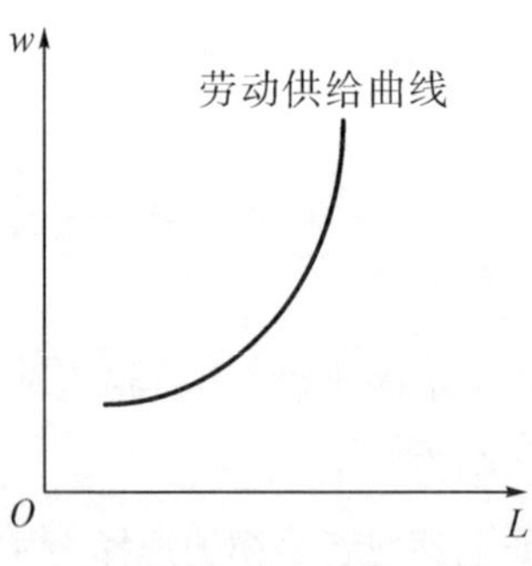

图 5-2 休闲是低档品时的劳动供给曲线

3. 假设消费者最初是一个储蓄者，如果利率下降后他仍然是一个储蓄者，他的情况是变好还是变坏？如果他变为了一个借款者，情况又如何？

解：消费者最初是一个储蓄者，如图 5-3 中 A 点；当利率下降后他仍然是一个储蓄者，如图 5-3 中 B 点，此时消费者的福利水平降低。如果他变为一个借款者，从图 5-3 中无法判断他的福利水平是增加还是降低。

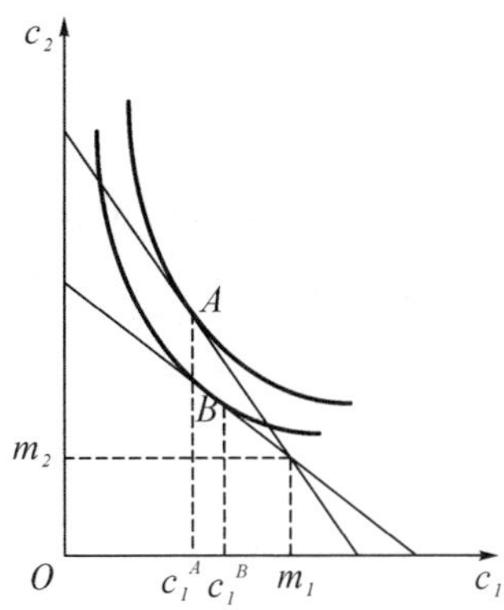

图 5-3　储蓄者的福利变化分析

4. 消费者的效用函数为 $U(c_1, c_2)=c_1^{0.4}c_2^{0.6}$，在第 1 期和第 2 期的收入分别为 $m_1=100$ 元和 $m_2=180$ 元，利率为 r，求：

(1) 第 1 期和第 2 期的最优消费分别是多少？

(2) r 分别取什么值时，该消费者在第 1 期将借入、借出，或者既不借入也不借出？

解：(1) $\max\ u=c_1^{\ 0.4}c_2^{\ 0.6}$

s.t. $(1+r)c_1+c_2=(1+r)m_1+m_2$

构造拉格朗日函数如下：

$L=c_1^{\ 0.4}c_2^{\ 0.6}+\lambda[(1+r)m_1+m_2-(1+r)c_1-c_2]$

一阶条件如下：

$\partial L/\partial c_1=0.4c_1^{-0.6}c_2^{0.6}-\lambda(1+r)=0\Rightarrow 0.4c_1^{-0.6}c_2^{0.6}=\lambda(1+r)$

$\partial L/\partial c_2=0.6c_1^{0.4}c_2^{-0.4}-\lambda=0\Rightarrow 0.6c_1^{0.4}c_2^{-0.4}=\lambda$

$\partial L/\partial \lambda=(1+r)m_1+m_2-(1+r)c_1-c_2=0$

联立求解得：

$$c_1=\frac{2(1+r)m_1+2m_2}{5(1+r)}=\frac{40(1+r)+72}{1+r}$$

$$c_2=\frac{3(1+r)m_1+3m_2}{5}=60(1+r)+108$$

(2) $m_1-c_1=\dfrac{60(1+r)-72}{1+r}$

当 $m_1-c_1=0$，即 $r=0.2$ 时，消费者既不借入也不借出；

当 $m_1-c_1>0$，即 $r>0.2$ 时，消费者借出；

当 $m_1-c_1<0$，即 $r<0.2$ 时，消费者借入。

5. 假如一天 24 小时，一个人每天的消费是商品 x 和睡觉 s，他要最大化其效用函数 $u=x^2s$，其中 $x=w(24-s)$，w 为工资率。

(1)在模型中，一天睡觉几小时是最优的？

(2)在模型中，随着工资率 w 的增加，消费者最优的睡觉时间是增加、减少，还是不变？

解：(1) $x=w(24-s)\Rightarrow x+ws=24w$

$\max\ u=x^2s$

s.t. $x+ws=24w$

构造拉格朗日函数如下：

$L=x^2s+\lambda[24w-x-ws]$

一阶条件如下：

$\partial L/\partial x=2xs-\lambda=0\Rightarrow 2xs=\lambda$

$\partial L/\partial s=x^2-\lambda w=0\Rightarrow x^2=\lambda w$

$\partial L/\partial \lambda=24w-x-ws=0$

求解得:

$s=8, x=16w$

(2)很显然,在模型中,随着工资率 w 的增加,消费者最优的睡觉时间不变,始终维持在 8 小时。

三、复习思考题

1. 如果消费者的禀赋是(6,6),净需求是(2,-3),请问他的总需求是多少?

2. 当某种商品初始禀赋量增加时,预算线如何变动?

3. 具有初始禀赋的消费者的效用最大化的一阶条件是什么?

4. 消费者的禀赋为(10,10),商品的价格为(2,3),消费者的最优选择为(13,8)。如果价格变为(5,3),消费者的选择为(11.8,7),请问消费者的福利水平是增加还是减少了?如果消费者的选择变为(7,15),消费者的福利水平如何呢?

5. 什么是禀赋收入效应?什么是具有禀赋的斯勒茨基方程?

6. 休闲的价格是什么?如何理解?

7. 如果给员工涨工资,员工的劳动时间会增加吗?如果只是增加加班工资,员工的劳动时间一定会增加吗?

8. 当期消费与下期消费的替代比率是多少?

9. 利率提高,跨期消费的预算线变得是更陡峭还是更平缓?

10. 当利率水平提高后,一个按揭买房的消费者的福利水平如何变化?

11. 利率水平为10%,一年后的100元的现值是多少?100年后的100元相当于现在的多少钱?现在的100元,一年后值多少钱,100年后又值多少钱?

12. 一户农民既种土豆又消费土豆,如果土豆价格上涨,农民的福利状况一定会变好吗?在什么情况下,他会变得更好?

13. 如果某资产下期能卖 1 100 元，和它类似的资产的收益率为 10%，请问这个资产当期能卖多少钱？

四、习题

1. 小明只消费 A 和 B 两种商品，他仅有的收入来源于别人给予他的一些数量的这两种商品。然而小明的最优消费量并不总是被给予的这些数量。他可以以价格 $P_A = 1$ 和 $P_B = 2$ 买卖 A 和 B 两种商品。小明的效用函数是 $U(a,b) = ab$，其中 a 是消费商品 A 的数量，b 是消费商品 B 的数量。

(1)假定别人给予小明 100 个单位的商品 A 和 200 个单位的商品 B，画出其预算线，并用 W 点标出其初始的禀赋点。

(2)小明对商品 A 和商品 B 的总需求为多少？

(3)小明对商品 A 和商品 B 的净需求为多少？

(4)假定在小明进行任何买卖活动之前，商品 B 的价格下降为 $P_B = 1$，商品 A 的价格仍然维持在 $P_A = 1$ 不变，画出此价格条件下小明的预算线（在同一个图中画）。

(5)小明对商品 B 的需求是上升了还是下降了？上升或下降了多少？对商品 A 的需求呢？

(6)假定在商品 B 的价格下降之前，小明已经把别人给他的所有商品 A 和 B 都换成了货币收入，然后计划用这些货币收入去购买消费束，则他对商品 A 和商品 B 的需求分别为多少？

(7)解释为什么在价格变化时，小明持有商品和持有货币收入最终的消费是不同的。

2. 假设劳动者每天 24 小时的时间资源用 T 表示，24 小时中提供劳动的时间用 L 表示，自留自用的时间即闲暇用 R 表示，劳动的单位价格即工资率用 W 表示，劳动的收入用 y 表示，劳动者从劳动收入和闲暇中获得的总效用函数为 $U = 48R + R \times y - R^2$。试求劳动供给曲

线,并证明:

(1)当 $W=0$ 时,劳动者完全不劳动。

(2)劳动供给 L 随 W 的上升而增加。

(3)不管工资率 W 有多高,劳动时间 L 不超过 12 小时。

3. 宁宁的效用函数是 $U(C,R)=C-(12-R)^2$,其中 R 为他每天消费的闲暇的时间,他每天有 16 小时在工作和闲暇之间分配,且每天能获得 20 元的非劳动收入,商品 C 的价格为 $P=1$ 元。

(1)如果宁宁能够选择每天工作的时间,但工资率为 0,那么他会选择消费多少闲暇?

(2)如果工资率为每小时 10 元,宁宁可以选择每天工作的时间,那么他会选择每天工作多少小时?

(3)如果宁宁每天的非劳动收入减少为 5 元(工资率仍然为每小时 10 元),那么他会选择每天工作几小时?

4. 张三是一名水管工,他每周有 168 小时在工作和闲暇之间分配。他每工作一小时向顾客收费 10 元,且如果他喜欢的话,他可以选择任何数量的工作时间。张三除了工作收入外没有其他的收入来源。

(1)写出张三的预算方程,画出张三的预算线,描述张三能够负担的每周闲暇和收入的组合(闲暇为横轴,消费为纵轴)。

(3)当自我雇佣时,张三选择每周工作 40 小时,现在有一家公司有一项紧急的工作,他们以每小时 20 元雇佣张三工作并许诺其可以按自己的意愿选择工作多少时间,但是张三仍然选择每周工作 40 小时。在你所绘的图中,加上此时张三的预算线。

(4)假设张三的偏好满足严格凸性,是良好性状的。在你所绘的图中,再加上满足他自我雇佣和受雇于公司时的工作选择的无差异曲线。

(5) 假定这家公司的工作任务非常紧急,希望张三每周的工作时间多于 40 小时,于是他们决定不付给张三每小时 20 元的报酬,而是在前 40 小时仅付每小时 10 元,而在 40 小时以外,张三每"加班"一小时,公司付给其 20 元。在你所绘的图中,画出此时张三的预算线,画出通过张三的工作选择点的无差异曲线。请问在这种情况下,张三会选择工作 40 小时以下还是 40 小时以上? 为什么?

5. 小强拥有柯布-道格拉斯形式的效用函数 $U(c_1,c_2)=c_1^{\alpha}c_2^{1-\alpha}$,其中 $0<\alpha<1$, c_1 和 c_2 分别是其在第 1 期和第 2 期的消费。

(1) 假定小强在第 1 期和第 2 期的收入分别为 m_1 和 m_2,以现值的形式写出其预算约束式(利率为 r)。

(2) 我们想用一种"标准"形式比较预算约束,那么在小强的预算约束中, p_1 是什么? p_2 是什么? m 是什么?

(3) 若 $\alpha=0.2$,求解小强在第 1 期和第 2 期的需求函数,用 m_1, m_2 和 r 表示。

(4) 利率 r 的上升对小强第 1 期的消费、第 2 期的消费以及第 1 期的储蓄分别有什么影响?

6. 小李拥有每期 20 美元的禀赋收入,他可以以 200% 的利率向别人借钱,也可以按零利率借钱给别人(注:如果利率为 0,则他在本期储蓄 1 美元,在下期能够收回 1 美元;而利率为 200% 时,他每借入 1 美元,要在下一期偿还 3 美元)。

(1) 画出小李的预算"线"(提示:可能并不是一条直线),并用阴影标示出他的预算集。

(2) 小李投资了一个项目,结果是使他面临 $m_1=30$, $m_2=15$ 的状况。在此项目之外,他仍可以以 200% 的利率借入或以零利率贷出。在问题(1)的图中画出此时的预算约束。请问:小李投资这个项目,境况是变好了还是变坏了? 在没有给出其偏好的相关信息时能够做出判断吗? 试解释原因。

(3)考虑另外一个项目,这个项目使小李面临 $m_1 = 15, m_2 = 30$ 的境况。仍然假设其可以按上述利率借贷,但是他投资此项目,便不能投资上一个项目,在上图中再画上此时的预算约束。请问:小李投资此项目后,境况是变好了还是变坏了?在没有给出偏好的相关信息时能够做出判断吗?试解释原因。

7. 假设某种不可再生的资源在第一阶段的需求函数为 $q_1 = 200 - 2p_1$,在第二阶段的需求函数为 $q_2 = 200 - 2p_2$。已知在两个阶段共有 100 个单位的资源可以被利用,货币市场利率为 50%。求两个阶段的竞争性均衡价格以及均衡资源配置。

8. 消费者的效用函数为 $u = R^{0.5}X^{0.2}Y^{0.1}$,其中 R 代表消费者每周闲暇的小时数,X 和 Y 为两种商品。现在的工资为 10 元/小时,商品 X 和 Y 的价格分别为 P_X 和 P_Y,消费者只有劳动收入。请问:

(1)消费者每周会工作多少小时?

(2)他会把多大比例收入用来购买 X 商品?

9. 某企业在考虑是否建造新厂房以扩大产量。修建新厂房需投资 50 万元,一年后可以投产。估计在投产后的 5 年内,新厂房每年可以创收 106.6 万元,经营费用为每年 90 万元。此企业还可以通过扩建现有厂房来提高产量,扩建成本为 10 万元,一年可以竣工。扩建的生产能力在今后 5 年内每年可创造利润 4 万元。假设年利率为 12%,此企业应该采取哪一个投资方案?

10. 消费者当期收入 $m_1 = 120$,未来期收入 $m_2 = 110$,利率水平为 0.1,消费者的偏好为完全互补品偏好。请问:

(1)消费者当期消费和未来期消费是多少?消费者是储蓄者还是借款者?

(2)如果政府对消费者的当期收入征收一次性总额税 40 元,消费者的最优消费选择是什么?消费者是储蓄者还是借款者?

(3)在(2)中,如果消费者存在信贷约束,消费者的最优消费选择是什么?

五、扩展习题

1. 消费者的效用最大化问题为:

$\max u=u(c_1,c_2)$

$\text{s.t.} c_1+c_2/(1+r)=w$

请证明:在最优消费时,$\frac{\partial c_2}{\partial r}\geqslant 0$,而$\frac{\partial c_1}{\partial r}$符号不定。

2. 消费者的效用函数为 $u=x_1x_2$。

(1)当价格为(2,2),初始禀赋为(16,8)时,消费者的最优选择是什么?

(2)当价格变为(4,2)时,求商品 1 的替代效应、普通收入效应和禀赋收入效应?

六、推荐阅读材料

1. BEKER G. A theory of the allocation of time[J]. Economic Journal,1965(9):493-517.

2. RAMSAY F P. A mathematical theory of saving[J]. Economic Journal,1928,38(152):542-549.

3. 哈尔·R. 范里安.微观经济学现代观点[M]. 费方域,朱保华,等译.9 版.上海:格致出版社,上海三联书店,上海人民出版社,2015.

第六章　不确定条件下消费者行为选择

一、学习目标

1. 不确定性是指当人们在做出选择的时候,会面临多个不同的结果($x_1, x_2, \cdots, x_n$)。这些结果中肯定会有一个结果出现,但具体出现哪一个事先是未知的。我们只知道每一个结果出现的概率为($\pi_1, \pi_2, \cdots, \pi_n$),这种现象就称为不确定性。

2. 彩票是不确定性条件下消费者选择的基本对象,是不同结果的概率分布。我们把彩票记为$L=(\pi_1, x_1; \pi_2, x_2; \pi_n, x_n)$。

3. 在不确定条件下,我们可以把效用函数表示为$U(L)=\pi_1 u(x_1)+\pi_2 u(x_2)+\cdots+\pi_n u(x_n)$,称为期望效用函数或冯·诺伊曼-摩根斯坦效用函数。其中,$u(x_i)$被称为贝努利效用函数或货币效用函数。

4. 期望效用函数是具有相加形式的效用函数。取相加形式的关键在于消费者在不确定条件下的选择。同时,各种可能的结果之间很自然地存在着一种“独立性”。

5. 当贝努利效用函数是凹函数时,消费者是风险厌恶的;当贝努利效用函数是凸函数时,消费者是风险偏好的;当贝努利效用函数是线形函数时,消费者是风险中立的。

6. 确定性等值(CE)是一个完全确定的收入量。在此收入水平上所对应的效用水平等于不确定性条件下的期望效用水平。

7. 风险升水,表示消费者为了规避风险而付出的最大代价,我们记为P,$P=E(L)-CE$。

8. 普拉特指标 $R_a(w)$ 是用来描述风险厌恶程度的，$R_a(w)=-\frac{u''(w)}{u'(w)}$。当 $R_a(w)>0$ 时，消费者为风险厌恶者；当 $R_a(w)<0$ 时，消费者为风险偏好者；当 $R_a(w)=0$ 时，消费者为风险中立者。

9. 或然商品是指即使是同一种物品，在不同状态下也应看成不同的商品。例如，冬天的冰淇淋和夏天的冰淇淋就是或然商品。在保险的例子中，消费者实际上在消费好状态商品和坏状态商品这两种或然商品。

10. 教材中保险的模型可以转化为具有禀赋的消费者的选择模型。当消费者实现效用最大化时，无差异曲线和预算约束线相切，$MRS=(1-r)/r$，其中 r 为保费率。

11. 如果保费是公平的，消费者会购买全额保险，此时消费者得到的好状态商品和坏状态商品的数量相等。

12. 金融市场的一个基本职能为分散风险。

二、例题

1. 如果某个消费者对小额赌博是风险喜好的，对大额赌博是风险厌恶的，请绘出他的效用函数图。

解：消费者的效用函数如图 6-1 所示。

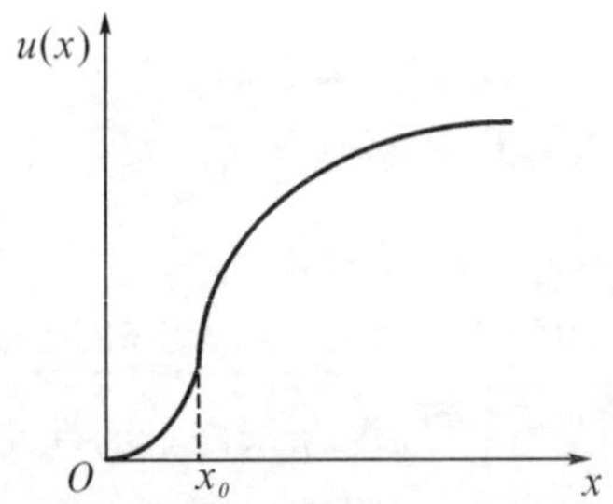

图 6-1　消费者的效用函数

当 $x>x_0$ 时，消费者为风险喜好，其效用函数为凸函数。

当 $x>x_0$ 时，消费者为风险厌恶，其效用函数为凹函数。

2. 消费者效用函数为 $u(w)=\ln w$，求普拉特指标，并判断消费者是风险厌恶者还是风险偏好者？

解：$R_a(w)=-\dfrac{u''(w)}{u'(w)}=-\dfrac{-1/w^2}{1/w}=\dfrac{1}{w}>0$

所以消费者为风险厌恶者。

3. 消费者效用函数为 $u(w)=w^{0.5}$，消费者初始拥有 10 000 元财产，但有 5%的可能性损失 3 600 元，求消费者愿意支付的最大保险金额。

解：设消费者愿意支付的最大保险金额为 R。

$u(10\ 000-R)=0.95u(10\ 000)+0.05u(6400)$

$\sqrt{10\ 000-R}=0.95\times100+0.05\times80$

$R=199$

所以消费者愿意支付的最大保险金额为 199 元。

4. 为什么对于不可抗力事件，一般来说保险公司不予承保。

解：根据教材中保险的例子可以知道，保险公司的一个基本职能是分散风险。但如果发生了不可抗力事件，就不存在分散风险的可能性，因此保险公司对不可抗力事件一般不予承保。

5. 一个人具有期望效用函数，其贝努利效用函数为 $u(w)=\sqrt{w}$，这个人的财产初始值为 4 元。这个人拥有一张奖券，该奖券值 12 元的概率为 0.5，值 0 元的概率为 0.5。请问：这个人的期望效用是什么？若要他出让该彩票，他索取的最低价会是多少？

解：计算这个人的期望效用。

$u(L)=0.5\times\sqrt{4+12}+0.5\times\sqrt{4+0}=3$

设消费者索取的最低价为 x，要满足：

$u(4+x)=u(L)$

$\sqrt{4+x}=3$

$x=5$

消费者至少要索取 5 元，才会出让彩票。

三、思考题

1. 请举出一些不确定性的例子，并写出其彩票的形式。

2. 什么是期望效用函数？为什么它是加性效用函数？

3. 一个消费者有两个选择：一是他有 25%的机会得到 100 元，有 75%的机会得到 40 元；二是他可以 100%地得到 55 元。请问：消费者会选择哪个机会？如果消费者能 100%地得到 60 元呢？

4. 请问下面这些期望效用函数中哪些是风险厌恶的，哪些是风险偏好的，哪些是风险中立的（$\pi_1+\pi_2=1$）？

（1）$U=\pi_1x_1+\pi_2x_2$

（2）$U=\pi_1x_1^{\ 2}+\pi_2x_2^{\ 2}$

（3）$U=\pi_1x_1^{\ 0.5}+\pi_2x_2^{\ 0.5}$

5. 什么是确定性等值？什么是风险升水？

6. 是否普拉特指标的值越大，风险厌恶程度也越大？

7. 当消费者购买彩票时，他一定是风险偏好的？

8. 如果保险公司所要求的保费高于公平保费，那么消费者一样会购买全额保险？

四、习题

1. 消费者的贝努利效用函数为 $u=\ln w$，如果消费者参加赌博，他下赌注 x 元，那么他有 θ 的机会赢取 x 元，有 $1-\theta$ 的机会输掉 x 元。如果他目前拥有的财富为 w_0，计算他的最优赌注 x 的量。如果 $\theta=0.5$，最优的 x 量是多少？

2. 消费者的贝努利效用函数为 $u=-e^{-cw}$，请问消费者是风险厌恶者吗？求出其普拉特指标。

3. 消费者的贝努利效用函数为 $u=\sqrt{w}$，消费者的初始财富为 90 000元，但有 5%的可能性会发生损失，损失额为 80 000 元。如果保险公司能收取消费者愿意支付的最高保费，请问保险公司的利润是多少？

4. 消费者的贝努利效用函数为 $u=\sqrt{w}$，其面临的彩票为 30%可能获得 1 600 元，为 30%可能获得 900 元，为 40%可能获得 400 元，求确定性等值和风险升水。

5. 消费者的贝努利效用函数为 $u=-\frac{1}{w}$，他参与一场赌博，赢的可能性为 P，赢了后的财产可以达到 w_1；输的可能性为 $(1-P)$，输了后的财产可以达到 w_2。如果他赌博和不赌博无差异，请问消费者当前的财产为多少？

6. 一个风险厌恶者要把价值为 w 的黄金运到另一个城市去。在运送途中，黄金被盗的概率为 q，安全到达的概率为 $1-q$。假设运输费用可以忽略不计，请证明：当黄金分两次运输时，此人可以得到更高的期望效用水平。

7. 某消费者的效用函数为 $u(c_1,c_2)=2\ln c_1+\ln c_2$。其中，$c_1$ 和 c_2 为时期 1 和时期 2 的消费支出。市场利率为 20%。消费者预期在时期 2 有 50%的可能性发生通货膨胀，通货膨胀率为 20%。其在时期 1 的收入为 300 元，时期 2 没有收入。请分析回答此消费者在时期 1 储蓄吗？如果储蓄，储蓄多少？

8. 若一个人的效用函数为 $u=w-aw^2$，证明其绝对风险规避系数是财富的严格增函数。

9. 某一赌局会产生以下结果：赢 100 元的概率为 0.2，赢 250 元的概率为 0.5，赢 300 元的概率为 0.3。

(1) 此赌局的期望值是多少？

(2) 此赌局的方差是多少？

(3) 风险规避者是否愿意付 235 元参加此赌博？风险中立者如何在接受 240 元与参加赌博中做出选择？

10. (1) 求常数绝对风险厌恶效用函数（CARA）$u(w)=-e^{-aw}$ 的绝对风险规避系数。

(2) 常数相对风险厌恶效用函数（CRRA）为 $u(w)=\dfrac{w^{1-\theta}-1}{1-\theta}$ $(0<\theta<1)$，求该效用函数的绝对风险规避系数。

(3) 如果定义相对风险规避系数为 $rr(w)=-w\dfrac{u''(w)}{u'(w)}$，求上述两个效用函数的相对风险规避系数。

五、扩展习题

1. 假设一个人在一个非法的地点停车时，任何人都知道，收到罚款通知单的可能性是 P，并且罚款金额为 f。假定所有的个人都是风险厌恶型的，并且 $u''(w)<0$，其中 w 是个人财富。请问：被抓到的可能性按比例增加和罚金按比例增加这两种措施在防止非法停车上哪个更有效？

2. 抛掷硬币，一直到头像朝上为止，如果第 i 次出现头像朝上，那么玩家得到 2^i 元。如果玩家的效用函数为 $u(w)=\ln w$，请问玩家愿意为参加这个赌博支付的最高费用是多少？

六、推荐阅读材料

1. ARROW K J. Essays in the theory of risk bearing[M]. Chicago: Markham, 1971.

2. DIAMOND P, M ROTHSCHILD. Uncertainty in economics: readings and exercises[M]. New York: Academic Press, 1978.

3. DREZE J H, P DEHAZ. State-dependent utility, the demand for insurance and value of safety[M]//Dreze J H. Essays on economic decisions under uncertainty. Cambridge: Cambridge University Press.

4. FRIEDMAN M, L J SAVAGE. The utility analysis of choices involving risk[J]. Journal of Political Economy, 1948(56):279-304.

5. MACHINA M. Choice under uncertainty: problems solved and unsolved[J]. Journal of Economics Perspective, 1987(1):121-154.

6. PRATT J. Risk aversion in the small and in the large[J]. Econometrica, 1964(32):122-136.

7. ROTHSCHILD M, J E STIGLITZ. Increasing risk: a definition [M]. Journal of Economic Theory, 1970(2):225-243.

第七章 生产者行为理论

一、学习目标

1. 生产者行为理论是厂商在生产技术和要素市场以及产品市场约束下的利润最大化问题，回答的是“生产多少，如何生产”的问题。

2. 有效率的生产可以用生产函数来描述。生产函数表示一定技术条件下有效使用特定的投入组合时的最大可能产出。以生产函数为基础，我们能够定义要素投入的边际产量、平均产量、边际技术替代率以及替代弹性。

3. 一般情况下，假设要素投入只有劳动和资本两种。这样我们就可以用等产量线描述生产技术的特征。单调性意味着越远离原点的等产量线对应的产量水平越高，而严格凸性生产技术意味着等产量线凸向原点。

4. 生产技术可区分为长期和短期。在短期，资本的数量给定不变，产出和可变投入之间的关系被总结为边际产出递减规律；在长期，所有的要素投入都是可变的。如果要素投入的变化是相同比例的，其生产特征用规模报酬特征加以描述。

5. 不同的生产技术可以用生产要素之间替代的难易程度来区分，并用不同的生产函数来刻画。常用的生产技术有完全替代的生产技术、完全互补的生产技术、柯布-道格拉斯生产技术以及不变替代弹性生产技术。

6. 在生产技术和要素价格的约束下,生产者选择最佳的要素投入组合使得生产给定产出的成本最小。在给定的要素价格约束下,给定一个产量,就可以得到一个最佳的要素投入组合,并可以计算得到生产给定产量的最小成本。不同产量和相应的最小生产成本之间的关系就是成本函数。

7. 除了完全替代生产技术和完全互补生产技术外,最佳要素投入组合往往还满足边际技术替代率等于两种要素的价格之比。这意味着用于每种投入的最后一个单位货币的边际产出相等。这符合资源最优配置等边际原则。

8. 成本函数的特征受到生产技术特征的约束,或者说反映了生产技术的特征。在短期,边际产出递减规律使得平均成本和边际成本都是 U 形的;在长期,U 形的平均成本和边际成本则是规模报酬递减规律作用的结果。

9. 不论是在短期还是在长期,边际成本和平均成本都具有固定的关系。当边际成本小于平均成本时,平均成本递减,反之亦然;而当边际成本等于平均成本时,平均成本取最小值。

10. 以长期作为参照系,短期的特点在于有些要素之间的替代无法发生。因此,生产相同的产量水平的短期成本总是大于或等于长期成本。

11. 成本函数反映了生产技术和要素价格的约束。在此基础上,增加产品市场的约束,生产者选择利润最大化的产量,这就是生产者的利润最大化问题。

12. 竞争性厂商是市场价格的接受者,其利润最大化的产量满足边际成本和市场价格相等的条件,并且此时边际成本递增。

13. 供给曲线的背后是边际成本曲线。在短期,竞争性厂商的供给曲线是平均可变成本上方的边际成本曲线;在长期,竞争性厂商的供给曲线是平均成本曲线上方的边际成本曲线。

14. 生产者剩余是生产者在市场交易中增进福利的工具。在短期,生产者剩余是短期利润和固定成本之和;在长期,生产者剩余可理解为利润或理解为要素的租金。

15. 成本最小化是利润最大化的必要条件。先考察成本最小化问题得到成本函数,再以成本函数为基础考察利润最大化的产量选择,这是一种考察利润最大化问题的方式。

16. 直接考察生产技术、要素价格和产品价格约束下的利润最大化问题,这种方法同时回答了"如何生产"和"生产多少"的问题。在要素价格和产品价格给定时,首先得到利润最大化的要素投入,然后代入生产函数得到利润最大化产出量。如果把要素投入和利润最大化的产出量写成要素价格和产品价格的函数,那么我们就得到了要素需求函数和产品供给函数。

二、例题

1. 假设柯布-道格拉斯生产技术为$f(L,K)=L^aK^b$。

(1)如果该生产技术满足边际产出递减假设,参数 a 和 b 有什么特征?

(2)如果该生产技术满足规模报酬不变的特征,参数 a 和 b 有什么特征?

(3)证明其替代弹性恒为 1。

解:(1)劳动的边际产出为 $MP_L=aL^{a-1}K^b$,边际产出为正要求 $a>0$。由$\frac{\partial MP_L}{\partial L}=a(a-1)L^{a-2}K^b$ 可知,边际产出递减要求 $a<1$。综合可知,要求 $0<a<1$。资本的边际产量为 $MP_K=bL^aK^{b-1}$,资本的边际产量为正要求 $b>0$。从$\frac{\partial MP_K}{\partial k}=b(b-1)L^aK^{b-2}$可知,资本的边际产量递减要求 $b<1$,综合可得 $0<b<1$。

(2) 如果此生产技术具有规模报酬不变的特征，那么存在 $f(tL,tK)=t^{a+b}L^aK^b=tf(L,K)$ 对于任意大于零的 t，对于任意的要素组合都成立。因此，当且仅当 $a+b=1$ 时，该特征成立。

(3) 为了计算替代弹性，首先计算此生产技术的边际技术替代率，即 $MRTS_{L,K}=\dfrac{MP_L}{MP_K}=\dfrac{aK}{bL}$，从而有 $\ln MRST_{L,K}=\ln\dfrac{a}{b}+\ln\dfrac{K}{L}$。根据替代弹性的定义，有 $\sigma_{l,k}=\dfrac{\mathrm{dln}(K/L)}{\mathrm{dln}MRTS_{L,K}}=\dfrac{\mathrm{dln}\dfrac{K}{L}}{\mathrm{d}\left(\ln\dfrac{a}{b}+\ln\dfrac{K}{L}\right)}=1$。

2. 假设柯布－道格拉斯生产技术为 $f(L,K)=L^aK^{1-a}$，$0<a<1$。设劳动要素的价格为 w，资本的价格为 r，求与此生产技术对应的成本函数及其特征，并分析说明是否存在供给函数。

解：(1) 成本最小化问题为

$$\min_{l,k} wL+rK$$
$$\text{s.t.} L^aK^{1-a}=q$$

(2) 最佳要素组合 (L^*,K^*) 满足 $MRST_{L,K}(L^*,K^*)=\dfrac{aK^*}{(1-a)L^*}=\dfrac{w}{r}$。

(3) 从上式解得 $K^*=\dfrac{1-a}{a}\dfrac{wL^*}{r}$，代入 $L^aK^{1-a}=q$，得到 $L^*=q\left(\dfrac{a}{1-a}\right)^{1-a}\left(\dfrac{r}{w}\right)^{1-a}$，进而得到 $K^*=q\left(\dfrac{1-a}{a}\right)^{a}\left(\dfrac{w}{r}\right)^{a}$。

(4) 把最佳的要素组合代入目标函数，可得 $TC=wL^*+rK^*=qw^ar^{1-a}\left[\left(\dfrac{1-a}{a}\right)^a+\left(\dfrac{a}{1-a}\right)^{1-a}\right]$，即为要求的成本函数。

(5)此成本函数的特征为:边际成本和平均成本相等,并且不随产量变化,而且 $TC(q)=qTC(1)$。

(6)由于生产技术具有规模报酬不变的特征,竞争性厂商不存在利润最大化的要素组合,因此具有此生产技术的竞争性厂商没有供给函数。

3. 根据报酬递减规律判断成本函数 $TC(q)=aq^3+bq^2+cq+d$ 的系数需要满足哪些特征?

解:(1)从 $TC(0)\geqslant 0$ 可知,$d\geqslant 0$。

(2)由成本函数计算可得 $MC(q)=3aq^2+2bq+c$,从 $MC(0)>0$ 可得 $c>0$。

(3)计算可得$\frac{\mathrm{d}MC}{\mathrm{d}q}=6aq+2b$。报酬递减规律意味着边际成本函数是 U 形的,即边际成本先递减,再递增。这要求 $b<0,a>0$。

4. 已知一个在竞争性市场中的企业的成本函数为 $c(q)=q^3-8q^2+20q+5$,求该企业的短期反供给函数。

解:(1)由成本函数可得边际成本函数为 $mc(q)=3q^2-16q+20$,利润最大化的必要条件是 $p=mc(q)=3q^2-16q+20$。

(2)此企业的平均可变成本为 $q^2-8q+20$。当边际成本和平均可变成本相等时,平均可变成本取最小值,其值为 4,也就是此企业的停止生产点。

(3)因此,当 $p\geqslant 4$ 时,反供给函数为 $p=3q^2-16q+20$;当 $p<4$ 时,企业停止生产,供给量为零。

三、思考题

1. 有效率的生产的特点是什么?

2. 为什么把生产函数定义为最大产出和要素投入之间的关系?

3. 生产函数曲线的斜率能够为负吗?

4. 两个促销员一天可以销售 4 台电脑,增加一个人后每天可以销售 5 台电脑。请问增加一个人的边际产出是多少？根据上面的资料,我们能够知道增加的这个人实际推销出的电脑数量吗？公司如何评价增加的这个人的贡献呢？

5. 画图说明边际产量和平均产量之间的关系。

6. 边际技术替代率的经济学含义是什么？

7. 什么是替代弹性？为什么要素投入的替代弹性可以表示为要素投入比例的变化率除以要素价格比的变化率？

8. 完全互补的生产技术满足凸性假设吗？满足严格凸性假设吗？

9. 单调性假设导致等产量线有什么特征？

10. 哪些因素影响着边际产量的变化？

11. 规模报酬不变、递增、递减的含义分别是什么？

12. 为什么不变替代弹性的生产技术更具一般性？

13. 从一个社会来看,国防的成本是什么？从国防部来看,国防的成本又是什么？

14. 等成本线的含义是什么？有什么特征？

15. 两个国家生产技术相同,但一个国家选择了劳动密集型的生产方式,另一个国家选择了资本密集型的生产方式,请分析可能的原因。

16. 为什么成本函数和生产函数都可以反映生产技术的特征？

17. 长期生产函数和短期生产函数的区别是什么？长期成本函数和短期成本函数的区别是什么？

18. 短期产出扩张和长期产出扩张的区别是什么？试画图说明。

19. 雅各布 · 维纳(Jacob Viner)曾要求他的绘图师画出短期平均成本曲线与长期平均成本曲线的切点同时也是短期平均成本曲线的最低点的情况。请问:在什么样的情况下可以这样画？

20. 一个公司的管理者在学习经济学的时候困惑于为什么在得到零利润的时候公司还在经营，你认为问题出在了哪儿？

21. 有人认为以利润最大化为行为目标的企业一定追求成本最小化，但不以利润最大化为行为目标的企业就不会追求成本最小化，请指出此推理中的错误。

22. 国有企业的冗员被认为是国有企业效益低的一个原因，请说明从理论上如何定义冗员。

23. 请说明生产和供给的区别。

四、习题

1. 假设生产函数为$f(L,K)=\min\{L,K\}$，分析劳动要素和资本要素的边际产量及其变化特征。

2. 用等产量线表示以下生产函数的技术特征：

(1)$f(L,K)=\min\{2L,L+K\}$

(2)$f(L,K)=L+\min\{L,L+K\}$（提示：劳动和资本皆用时间度量，所以可以相加）

3. 假设一生产函数为$f(L,K)=K+L+2\sqrt{KL}$。

(1)分析其规模报酬特征。

(2)计算其替代弹性。

4. 假设生产函数为$f(L,K)=\min\{aL,bK\}$，劳动价格为w，资本价格为r，求成本函数。

5. 假设生产函数为$f(L,K)=(L^{\rho}+K^{\rho})^{\frac{1}{\rho}}$，劳动价格为$w$，资本价格为$r$，求成本函数。

6. 一组短期成本函数为$STC=0.04q^3-0.9q^2+(11-k)q+5k^2$，求长期总成本函数。

7. 证明：在边际成本等于平均成本时，平均成本最小。

8. 证明：在产量为零时，边际成本等于平均可变成本。

9. $C(Q)=10e^{0.2Q}+80$，求固定成本。

10. 如果我们成功地观察到了产出变动 Δq，成本变化 ΔC，劳动要素价格变化 Δw，资本价格变化 Δr 以及劳动要素的使用数量 l，资本要素的使用数量 k 一组时间序列数据，如何构造每期边际成本的估计方程？

11. 假设某竞争性厂商的生产函数为 $q=L^{\frac{1}{2}}K^{\frac{1}{4}}$。

(1)产品的价格为4，劳动的价格为 w，资本的价格为 r，求出劳动要素和资本要素的需求函数。

(2)如果劳动的工资为2，资本的租金价格为1，那么此企业将生产多少产量？利润是多少？

12. 一个厂商的成本函数为 $c(q)=\begin{cases}q^2+1, \text{如果 } q>0\\ 0, \text{如果 } q=0\end{cases}$，令 p 为产出价格，要素价格固定。如果 $p=2$，该厂商会生产多少？如果 $p=1$，该厂商会生产多少？

13. 假设一竞争性厂商的生产函数为 $q=\sqrt{2L+4K}$，产品价格为4，劳动价格为2，资本价格为3，求利润最大化的要素投入及产量。

14. 证明：对于规模报酬递增的技术，只要有一个要素投入组合产生正的利润，就不存在利润最大化投入组合。

15. 某竞争性企业的短期成本函数为 $c(q)=q^3-8q^2+30q+5$，计算：

(1)边际成本函数。

(2)平均可变成本函数。

(3)当产量为多少时，边际成本等于平均可变成本？

(4)当价格小于多少时，企业的供给量为零？

16. 生产函数为 $Q(L)=21L+9L^2-L^3$，求 L 的平均产出函数与边际产出函数，合理的 L 使用量应该在什么范围？

17. $f(L,K)=AL^{\alpha}K^{\beta}$，技术进步率如何测算？索洛研究了美国1909—1949年的数据，得到如下数据：$Gf=2.75\%$，$GL=1\%$，$Gk=1.75$，$\alpha=0.65$ $\beta=0.35$，求技术进步率。

18. 论证边际成本曲线与平均成本曲线之间的关系。

19. 生产函数 $q=x^{0.5}$，产出价格为 p，要素价格为 w，求解要素需求函数、产出供给函数、利润函数。

20. 根据柯布-道格拉斯生产函数 $y=f(x_1,x_2)=x_1^{1/3}x_2^{2/3}$，求解条件要素需求函数、成本函数。

21. 已知某企业的生产函数为 $q=L^{\frac{2}{3}}K^{\frac{1}{3}}$；劳动的价格 $w=2$，资本的价格 $r=1$。

(1)求长期成本函数.

(2)当 $K=8\ 000$ 时，求企业的短期成本函数。

22. 生产函数为 $q=L^{\frac{1}{3}}K^{\frac{1}{3}}$，产品价格为 p，劳动价格为 w，资本的价格为 r。

(1)求条件要素需求函数和成本函数；

(2)求要素需求函数和利润函数。

23. 企业短期成本函数为 $STC=q^2+25$，产品价格为20元。

(1)企业的产量为多少？利润为多少？

(2)企业的生产者剩余为多少？

24. 一家企业有两间工厂，生产相同的产品，每间工厂的生产函数为 $q=\sqrt{L_iK_i}$ $(i=1,2)$，但工厂1拥有 $K_1=25$，工厂2拥有 $K_2=100$。

(1)如果该企业最小化短期总成本，则产出应该如何在两间工厂分配？

(2)给定两间工厂的最优产量分配，计算短期的总成本为多少？

(3)在长期中，产出应该如何在两间工厂分配？计算长期总成本是多少？

25. 证明:短期 *SMC*、*AVC*、*SAC* 曲线为什么呈 U 形。

五、扩展习题

1. 不变替代弹性生产函数为 $q=(L^{\rho}+K^{\rho})^{\frac{1}{\rho}}$,证明:

(1)当 $\rho \to 0$ 时,它反映的是柯布-道格拉斯生产技术。

(2)当 $\rho \to -\infty$ 时,它反映的是固定比例生产技术。

2. 一个厂商有两个车间,各自的成本函数分别为 $C_1(y_1)=\frac{y_1^2}{2}$,$C_2(y_2)=y_2$,请计算该厂商的成本函数。

六、推荐阅读材料

1. CLARK J M. Diminishing Returns[J]. Encyclopaedia of the Social Science,1931(5):144-146.

2. FUSS M,D MCFADDEN. Production economics:a dual approach to theory and application[M]. Ameterdam:North-Holland,1978.

3. DOUGLAS P H. Are there laws of production[J]. American Economic Review,1948(38):1-41.

4. DOUGLAS P H. The Cobb-douglas production once again:its history,its testing and some empirical values[J]. Journal of Political Economy,1976(84):903.

5. 平新乔. 微观经济学十八讲[M]. 北京:北京大学出版社,2001.

6. 詹姆斯·M.亨德森,里查德·E.匡特.中级微观经济理论:数学方法[M]. 苏通,译.北京:北京大学出版社,1988.

7. 克里斯托弗·斯奈德,沃尔特·尼科尔森.微观经济理论:基本原理与扩展[M].杨筠,译.11 版.北京:北京大学出版社,2015.

第八章　完全竞争市场局部均衡与福利

一、学习目标

1. 完全竞争市场是指满足以下四个特征的市场:众多的生产者和消费者、产品同质、信息完全、资源可以自由流动。

2. 市场需求是所有消费者需求的总和。给定市场价格,市场需求量是所有消费者需求量之和。由于所有的消费者都是市场价格的接受者,面对相同的市场价格,因此在给定市场价格下,每个消费者的需求量的边际效用或边际支付意愿都相等,并等于市场价格。

3. 市场需求价格弹性 $Ed=|\frac{\mathrm{d}Q}{\mathrm{d}p}\times\frac{p}{Q}|$,反映市场需求变动对价格变动的敏感程度。以下两个公式需要记住:$\frac{\mathrm{d}tR}{\mathrm{d}p}=p(1-Ed)$,$MR=Q(1-\frac{1}{Ed})$。同样,我们也可定义市场供给价格弹性 Es。

4. 在短期,厂商的数量给定不变,则市场供给是所有厂商供给的总和。给定市场价格,市场供给量就是所有厂商供给量之和。由于所有的厂商都是市场价格的接受者,而且每个厂商利润最大化的产量都满足边际成本等于价格,因此在给定市场价格下,每个厂商的供给量的边际成本都相等并等于市场价格。

5. 源自马歇尔的思想,市场需求和市场供给同时发挥作用,共同决定市场价格。当供需一致时,市场处于均衡状态,此时的价格称为均衡价格,数量称为均衡数量。

6. 在长期,生产者数量可变,而长期均衡则要求厂商的数量稳定不变,因此长期均衡的条件有三个:每个厂商都实现了利润最大化;代表性厂商(或边际厂商)的利润为零;市场供给量等于市场需求量。

7. 在长期,由于价格变化改变了利润状况,行业内厂商退出或新的厂商进入,只有当行业内厂商的数量稳定不变时才实现新的均衡,新的均衡价格和初始的均衡价格相等或不同,这取决于行业内厂商数量变化如何影响厂商的成本。基于此,完全竞争市场往往被分为不变成本行业、递增成本行业和递减成本行业三种情况。

8. 完全竞争市场均衡时的资源配置是有效率的。所有的厂商按照等边际成本的原则生产均衡数量,使得均衡数量的总生产成本最小化。所有的消费者按照等边际效用的原则得到均衡产量,使得均衡数量的总效用最大化。均衡数量满足边际效用等于边际成本,使得均衡数量的总剩余最大化。

9. 总剩余是衡量一个市场提供的社会福利的工具,反映的是从市场交易中增进的社会福利。完全竞争市场均衡时总剩余(或者说社会福利)是最大化的。而对商品交易征税或施加价格管制往往会导致社会福利的净损失产生。

10. 价格上限管制的福利损失来自两个方面:一是价格管制减少了交易量,由此导致的福利损失称为产生于供给不足的福利损失;二是价格管制限制了价格配置资源的功能,替代性的规则往往导致产出在消费者之间无效率配置,由此导致的福利损失称为产生于错误配置的福利损失。

11. 消费税最后由消费者和生产者共同承担,同时消费税还造成福利的无谓损失。

二、例题

1. 如果两个人的需求函数分别为 $D_1(p)=20-p$，$D_2(p)=10-2p$，求市场需求函数。

解：(1) 由于需求量不能为负，因此需要重新表述两个人的需求。

第一个人的需求为：

$$D_1(p)=\begin{cases}20-p, if\ p\leqslant 20\\0, if\ p>20\end{cases}$$

同理，第二个人的需求为：

$$D_2(p)=\begin{cases}10-2p, if\ p\leqslant 5\\0, if\ p>5\end{cases}$$

(2) 市场需求是两个人的需求之和，计算可得：

$$D(p)=\begin{cases}0, if\ p\geqslant 20\\20-p, if\ 5\leqslant p\leqslant 20\\30-3p, if\ p\leqslant 5\end{cases}$$

(3) 市场需求函数如图 8-1 所示。

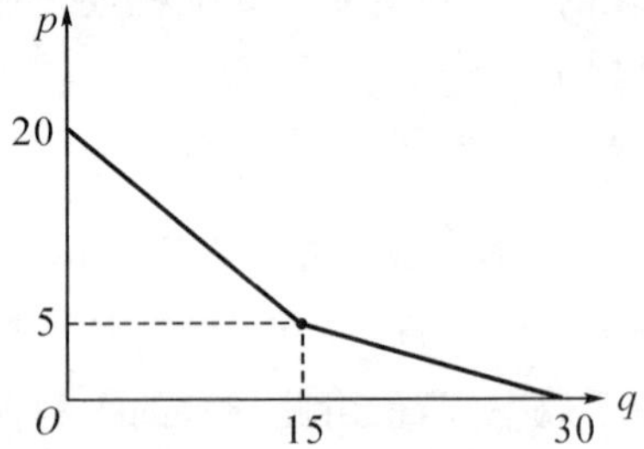

图 8-1　市场需求函数

2. 假设一个竞争性市场只有两个厂商，厂商 1 的成本函数为 $C_1(q_1)=q_1{}^2$，厂商 2 的成本函数为 $C_2(q)=2q_2{}^2$，求短期市场供给函数，并画图说明市场供给曲线和厂商供给曲线之间的关系。

解:(1)厂商 1 的边际成本为 $MC_1=2q_1$,所以其供给函数为 $q_1=\frac{p}{2}$。

(2)同理,可得厂商 2 的供给函数为 $q_2=\frac{p}{4}$。

(3)市场供给函数为 $Q=S(p)=q_1+q_2=\frac{3}{4}p$。

(4)给定任意的市场供给量 Q,市场价格为 $\frac{4}{3}Q$,并且等于两个厂商的边际成本,即有 $2q_1=4q_2=\frac{4}{3}(q_1+q_2)$。

(5)厂商供给与市场供给如图 8-2 所示。

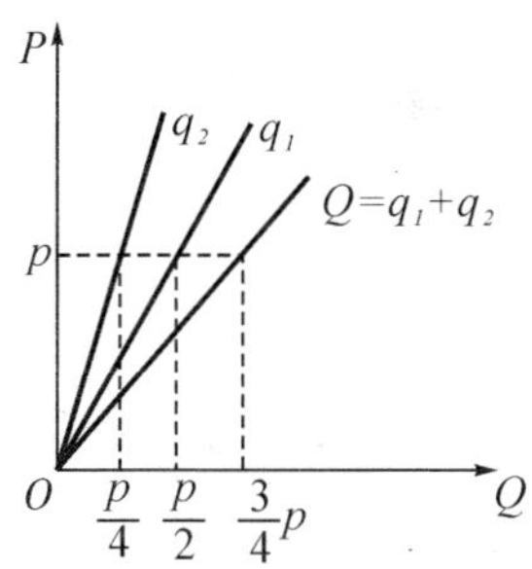

图 8-2　厂商供给与市场供给

3. 一个完全竞争市场的代表性厂商的成本函数为 $C(q)=q^3-8q^2+30q$,市场需求函数为 $D(p)=98-p$,求此市场实现长期均衡时的均衡价格和厂商数量。

解:(1)由成本函数可得平均成本为 $AC=q^2-8q+30$,边际成本为 $MC=3q^2-16q+30$。从平均成本和边际成本相等可以计算得到代表性厂商的产量为 $q^e=4$,均衡价格为 $p^e=AC=MC=14$。

(2)从市场需求可得均衡数量为 $Q^e=D(p^e)=84$,从而均衡厂商数量为 $J^e=\frac{Q^e}{q^e}=21$。

4. 某种商品的市场需求曲线为 $D(P_D)=100-2P_D$，供给曲线为 $S(P_S)=3P_S$。

(1)假定政府对商品征收 5 元的数量税，均衡数量和价格(P_S 和 P_D)将是多少？

(2)计算税收的福利净损失。

解：(1)征税下的均衡价格满足 $\begin{cases}100-2p_d=3p_s\\p_d-p_s=5\end{cases}$

由此解得 $p_d=23$，$p_s=18$，这时市场交易数量为 54。

(2)不存在税收的情况下的均衡价格为 20，均衡数量为 60，税收的福利净损失为 $\frac{1}{2}\times5\times(60-54)=15$。

(3)税收的福利损失如图 8-3 所示。

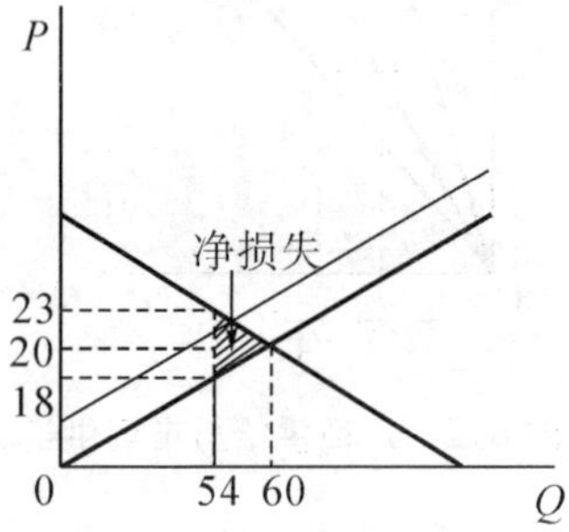

图 8-3　税收的福利损失

5. 某种商品的市场需求函数为 $D(P)=100-2P$，市场供给函数为 $S(P)=3P$，政府对此行业实施价格上限管制，最高限价为 10。

(1)请计算由于供给不足所产生的社会福利净损失。

(2)由于供给不足，为了使所有愿意支付最高限价获得商品的消费者有相同的机会获得商品，政府决定通过抽签的方式公平地分配市场所提供的商品，并且限制消费者之间转售商品，请计算这种配置方式所导致的社会福利净损失。

解：(1)从市场均衡条件解得均衡价格为 20，均衡数量为 60。

(2)当实施价格管制时，市场上成交量为 30，消费者的边际支付意愿为 35，从而由于供给不足所导致的社会福利净损失为 $(35-10)\times(60-30)\times\frac{1}{2}=375$。

(3)价格管制下供给的 30 个单位的商品在消费者之间有效率地配置时的总效用为 $(50+35)\times30\times\frac{1}{2}=1\ 275$。采取题目中给出的配给机制，消费者的平均支付意愿为 30，实现的总效用为 $30\times30=900$。因此，由于错误配置导致的社会福利净损失为 $1\ 275-900=375$。

(4)价格上限的福利分析如图 8-4 所示。

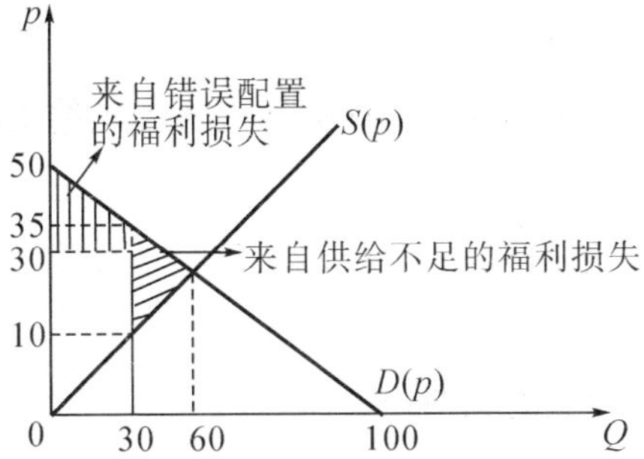

图 8-4　价格上限的福利分析

三、思考题

1. 给定市场价格，市场需求量是如何决定的？

2. 为什么说在竞争性市场上消费者购买的数量可能不同，但边际支付意愿相同？

3. 如何理解市场需求曲线就是用货币度量的边际效用曲线？

4. 什么是保留价格？如何用保留价格构造市场需求曲线？

5. 给定市场价格，市场供给量是如何决定的？

6. 为什么说在竞争性市场上厂商生产的数量可能不同，但边际成本相同？

7. 如何理解短期市场供给曲线就是边际成本曲线？

8. 完全竞争市场处于短期市场均衡时，厂商的利润一定为零吗？

9. 完全竞争市场长期均衡的条件是什么？

10. 既然长期均衡时，利润为零，那么企业为什么还会在这个市场上继续经营呢？

11. 什么是不变成本行业、递增成本行业、递减成本行业？

12. 画图说明需求增加时不变成本行业的长期均衡如何变化。

13. 如何理解市场结构决定于市场需求和生产技术特征？

14. 为什么说完全竞争市场的生产是有效率的，产品在消费者之间的配置是有效率的？

15. 总剩余的含义是什么？如何通过市场供给函数和需求函数计算总剩余？

16. 为什么说生产额外一个单位产品的社会价值就是需求价格减去边际成本的差？

17. 如何理解税收的无谓损失？

18. 在什么情况下，价格上限（低于市场均衡价格）管制不会导致供给不足？这时还有福利损失吗？

19. 针对一种商品的价格上涨，经济学家提供了两个不同的理论假说。一个理论假说认为这是需求上升引起的，另一个理论假说认为这是供给减少引起的。如何判断这两个假说的对错？

20. 有人认为企业应该承担社会责任，如产品价格的上涨应该纳入公共决策领域，因为它关系到物价水平的稳定。经济学家为什么会反对通过价格管制和工资管制的方式抑制通货膨胀呢？

21. 分析说明价格下限管制为什么会导致无效率。

22. 在完全竞争的市场上，政府税收（数量税）会带来社会净损失，但是政府补贴（数量补贴）不会造成任何效率损失。这种说法对吗？

23. 利用完全竞争市场局部均衡分析方法说明为什么自助餐存在浪费。

四、习题

1. 设 m 个完全竞争厂商具有相同的成本函数 $c(y)=y^2+1$，求行业供给函数，并比较行业供给曲线和单个厂商的供给曲线的斜率和弹性。

2. 证明：市场需求曲线的弹性等于个体需求曲线的弹性的加权平均，其权数是每个消费者的购买量的相对比例。

3. 假设需求函数和供给函数分别为 $Q_d=a-bP$，$Q_s=c+dP$，求均衡价格和均衡数量，并说明市场需求和供给变化如何影响市场均衡（a,b,c,d 均大于 0）。

4. 请证明：在线性需求和线性供给条件下，税收归宿满足 $\frac{\mathrm{d}p_d}{\mathrm{d}t}=\frac{E_s}{E_s+E_d}$，$\frac{\mathrm{d}p_s}{\mathrm{d}t}=\frac{E_d}{E_s+E_d}$，并以此表达式说明税收归宿和供求弹性的关系。

5. 一种商品的反需求函数为 $p_d=18-3Q_d$，反供给函数为 $p_s=6+Q_s$。

（1）均衡产量和价格是多少？

（2）如果政府对生产者每个单位产出补贴 2 元，计算新的均衡价格和产量。

（3）政府补贴有福利损失吗？如果有，请计算补贴的社会福利损失。

6. 请证明:线性供给和线性需求条件下,消费税的无谓损失为 $DW=0.5(\mathrm{d}t)^2\left(\frac{E_sE_d}{E_s+E_d}\right)\frac{Q_0}{p_0}$,并以此表达式说明无谓损失是如何受到供求弹性的影响的。

7. 假设某种商品的国内市场需求曲线为 $D(P_D)=100-2P_D$,国内供给曲线为 $S(P_S)=3P_S$,分析如下问题:

(1)国内市场均衡价格和均衡数量是多少?

(2)假设国际市场上该种商品的价格为 15,国内若采取自由贸易政策,则应进口多少?国内生产多少?进口是否增进了社会福利,若是,增进了多少?

(3)假如此国实施贸易保护,对进口商品每个单位征收 3 元的进口关税,则进口多少?国内生产多少?贸易保护的社会福利损失是多少?

8. 画图说明供给完全无弹性下的价格上限管制可能造成的福利损失。

9. 替代价格竞争规则的一种规则是排队,但为什么经济学家普遍反对这种配置规则呢?

10. 某种商品的市场需求曲线为 $D(P_D)=100-2P_D$,供给曲线为 $S(P_S)=3P_S$。

(1)假定政府对商品征收 5 元的数量税,均衡的数量和价格(P_S 和 P_D)将是多少?

(2)计算税收的额外净损失。

(3)假定政府征收税率为 t,若政府的目标为税收的最大化,政府制定的最优税率 t^* 是多少?

11. 已知某市场商品的需求方程是 $p=180-Q_d$,供给方程是 $p=160+Q_s$。

(1)均衡价格与产量各是多少?

（2）政府对供给方每供给一个单位补贴 50 元后，均衡产量、均衡价格、生产者实际得到的总价格、消费者实际支付的净价格是多少？

12. 一个充分竞争的玩具行业有许多潜在竞争对手。每个厂商都有相同的、具有不变规模效益的生产函数。生产 30 个单位的产品时，企业的长期平均成本最低，其最低平均成本是每个单位 15 元。该行业的总需求函数是 $x=2\ 000-50p$，p 是玩具的市场价格。

（1）求解长期竞争性均衡（p^*，q^*，J^*）。

（2）求行业的长期供给函数。

13. 某产品市场有 A、B 两类消费者，一共 100 人，其中 A 类 25 人，B 类 75 人。每个 A 类消费者的消费量为每个 B 类消费者的消费量的 2 倍。A 类消费者个人的需求价格弹性为 $\frac{3}{4}$，B 类消费者个人的需求价格弹性为 2。请问：整个市场的需求价格弹性为多少？

14. 在一个完全竞争的市场中，每家企业的长期成本函数 $LTC=0.1q^3-1.2q^2+111q$，q 为单个企业的产量，市场需求曲线为 $Q=6\ 000-20p$，Q 为市场量。请问：

（1）该市场长期均衡产量。

（2）均衡时，市场上有多少家企业？

（3）若政府决定把企业数量控制在 60 家，并用出售许可证的方式来实现这一目标。在新均衡形成时，产品价格是多少？许可证价格是多少？

五、扩展习题

1. 国家甲生产的雨伞全部出口到国家乙，国家乙不生产雨伞。出口国的代表性厂商的生产函数为 $f(K,L)$，资本价格和劳动价格分别为 r 和 w，成本函数为 $C(r,w,q)$。假设最初的均衡价格和均衡产量为 p^e，q^e，请回答以下问题：

(1)如果出口国对每把雨伞补贴 s，进口国应如何应对以保持均衡产量不变？

(2)如果出口国补贴生产厂商购买资本的行为，使资本价格变为 $r-s$，那么进口国如何征收进口关税(从量税率为 t)以抵消此政策效果。

(3)请说明 $t'(s)$ 与资本要素的条件要素需求的关系。

(4)如果资本是生产雨伞的劣质要素，那么抵消资本补贴效应的关税有何不同？

2. 代表性消费者的间接效用函数为 $m+v(p)$，代表性厂商的利润函数为 $\pi(p)$，证明竞争性价格最小化 $v(p)+\pi(p)$。

六、推荐阅读材料

1. MARSHALL A. Principles of economics [M]. London: Macmillan, 1920.

2. STIGLER G J. Perfect competition, historically contemplated[J]. Journal of Political Economy, 1957(65): 1-17.

3. 哈尔·R.范里安.微观经济学现代观点[M]. 费方域，朱保华，等译.9 版.上海：格致出版社，上海三联书店，上海人民出版社，2015.

4. 杰弗里·杰里，菲利普·J.瑞尼.高级微观经济理论[M]. 谷宏伟，译.3 版.北京：中国人民大学出版社，2012.

5. 克里斯托弗·斯奈德，沃尔特·尼科尔森.微观经济理论：基本原理与扩展[M].杨筠，译.11 版.北京：北京大学出版社，2015.

第九章　完全竞争市场一般均衡与福利

一、学习目标

1. 一般均衡分析方法考察一个经济体中所有市场的同时均衡，从而考察不同商品市场之间的相互作用。本章考察的所有市场都满足完全竞争市场时的均衡价格和资源配置这一条件。

2. 本章不仅考察市场机制如何解决社会基本经济问题，而且考察什么样的资源配置是有效率的。“为谁生产”的问题在交换模型中考察，“如何生产”的问题在生产模型中考察，“生产什么，生产多少”的问题则在生产-交换模型中考察。

3. 只有两种商品、两个消费者的纯交换经济可以用埃奇沃斯方盒描述。方盒中的每个点代表一个可行的资源配置，一个资源配置需要四个变量来刻画。初始配置则告诉我们每个消费者的禀赋。

4. 任意给定两种商品的价格，利用禀赋约束下的消费者行为理论，就可以得到两个消费者对每种商品的需求，再加总每种商品的个体需求，就能得到市场需求。一般均衡价格使得它决定的每种商品的市场需求与其禀赋数量相等。用消费者对商品的需求量减去其拥有的禀赋数量就得到消费者对该种商品的超额需求，再加总两个消费者的超额需求就能得到每种商品的总超额需求，而一般均衡价格应满足每种商品的超额需求都为零。

5. 如果每个消费者的选择都满足预算平衡性，就可以推导得到瓦尔拉斯法则。我们从瓦尔拉斯法则知道，所有商品的超额需求是线性相关的,因此两种商品的一般均衡条件只能限定一个相对价格。一般我们选择一种商品作为计价物,以解决此问题。

6. 在两种商品、两个消费者的交换模型中,有效率的配置要求两个消费者的边际替代率相等,在几何上则表现为两个消费者的无差异曲线的切点。所有有效率的配置形成了一条契约曲线。

7. 竞争性均衡和有效率的配置之间存在紧密的联系。福利经济学第一基本定理指出,竞争性的均衡配置是有效率的。而福利经济学第二基本定理则指出,任意有效率的配置都可以通过禀赋分配和市场机制作用而得。

8. 荒岛上的鲁宾孙用劳动投入生产一种产出。利用一般均衡分析方法,我们可以得到劳动的工资率和产出的价格之比的均衡水平以及劳动和产出的均衡数量。鲁宾孙的生产选择决定了对劳动的需求和对产出的供给,其消费决策则决定了对劳动的供给和对产出的需求。一般均衡条件是劳动市场和产出市场同时实现均衡。同样,均衡条件只能限定一个相对价格。一般地,我们令产出为计价物,得到的均衡工资率实际上为均衡的实际工资率。

9. 同样利用埃奇沃斯方盒,我们可以考察两种投入和两种产出的情况。有效率的生产要求两种生产要素在两种产品上的配置满足边际技术替代率相等这一条件。所有有效率的资源配置所对应的产出组合形成生产可能性边界。在生产可能性边界上任取一点,其斜率的绝对值为边际转换率,实际上是用其他商品的数量所反映的边际生产成本。

10. 当鲁宾孙遇到"星期五"后,有效率的社会生产不仅要求每个人有效率地配置生产要素,而且要求两个人按照比较优势分工的原则进行生产,由此可以得到社会生产可能性边界,用以描述社会有效率生产的产出组合的集合。

11. 用生产可能性边界描述生产有效率的产出组合,社会要想在此边界上选择产出组合则要先把交换和生产联系起来。有效率的产出组合满足边际转换率和边际替代率相等这一条件。

二、例题

1. 一个纯交换经济只有两个消费者。消费者 1 的支出函数为 $e_1(p_1,p_2,u_1)=u_1\sqrt{p_1p_2}$，禀赋为(1,2)。消费者 2 的效用函数为 $u(x_1,x_2)=x_1^{\frac{1}{3}}x_2^{\frac{2}{3}}$，禀赋为(2,1)。求竞争性均衡价格。

解：(1)计算得到消费者 1 对两种商品的需求分别为 $x_1^1(p_1,p_2)=\frac{p_1+2p_2}{2p_1}$，$x_2^1(p_1,p_2)=\frac{p_1+2p_2}{2p_2}$。

(2)计算得到消费者 2 对两种商品的需求分别为 $x_1^2(p_1,p_2)=\frac{2p_1+p_2}{3p_1}$，$x_2^2(p_1,p_2)=\frac{4p_1+2p_2}{3p_2}$。

(3)竞争性均衡价格 (p_1^e,p_2^e) 满足 $x_1^1(p_1^e,p_2^e)+x_1^2(p_1^e,p_2^e)=3$，$x_2^1(p_1^e,p_2^e)+x_2^2(p_1^e,p_2^e)=3$。根据瓦尔拉斯法则，上述两个方程一个成立，另一个必定成立。因此，我们从中只能得到 $\frac{p_1^e}{p_2^e}=\frac{8}{11}$。

2. 假定一个纯交换经济只有两种商品，禀赋数量分别为 w_1,w_2。只有两个消费者，效用函数分别为 $u_1=(x_1^1)^{\frac{2}{3}}(x_2^1)^{\frac{1}{3}}$，$u_2=(x_1^2)^{\frac{1}{3}}(x_2^2)^{\frac{2}{3}}$，求契约曲线的方程。

解：(1)消费者 1 的边际替代率为 $MRS_{1,2}^1=\frac{2x_2^1}{x_1^1}$，消费者 2 的边际替代率为 $MRS_{1,2}^2=\frac{x_2^2}{2x_1^2}$。

(2)帕累托有效率的配置满足以下三个条件：$MRS_{1,2}^2=\frac{x_2^2}{2x_1^2}=\frac{2x_2^1}{x_1^1}=MRS_{1,2}^1$；$x_1^1+x_1^2=w_1$；$x_2^1+x_2^2=w_2$。

(3)在埃奇沃斯方盒中,契约曲线就是所有帕累托有效率配置的点的集合。以消费者 1 为原点,契约曲线的方程为 $3x_1^1x_2^1+x_1^1w_2-4x_2^1w_1=0$。

3. 假设鲁宾孙的生产函数为 $q=L^\alpha$,其中 $\alpha<1$。假设时间禀赋为 T,闲暇时间用 R 表示,其效用函数为 $u(R,q)=R^{1-\beta}q^\beta$。令产品价格为 1,求均衡工资率。

解:(1)鲁宾孙的生产决策是选择劳动投入以实现利润 $\pi=pL^\alpha-wL$ 最大化。由于 $\alpha<1$ 意味着报酬递减,因此一阶条件 $\alpha pL^{\alpha-1}=w$ 也是充分条件,从而得到鲁宾孙对劳动要素的需求为 $L_d=\left(\frac{\alpha p}{w}\right)^{1/(1-\alpha)}$,产出的供给为 $q_s=\left(\frac{\alpha p}{w}\right)^{\alpha/(1-\alpha)}$,利润为 $\pi=\frac{1-\alpha}{\alpha}w\left(\frac{\alpha p}{w}\right)^{1/(1-\alpha)}$。

(2)鲁宾孙的消费决策是指在预算约束 $pq+wR=wT+\pi$ 下使效用 $u(R,q)=R^{1-\beta}q^\beta$ 最大化。从中解得鲁宾孙对闲暇的需求为 $R=\frac{(1-\beta)(wT+\pi)}{w}$,对产出的需求为 $q_d=\frac{\beta(wT+\pi)}{p}$。

(3)两个市场的一般均衡条件是 $\begin{cases}L+R=T\\ q_s=q_d\end{cases}$。令产品价格为 1,那么均衡工资满足 $\frac{(1-\beta)\left(w^*T+\frac{1-\alpha}{\alpha}w^*\left(\frac{\alpha}{w^*}\right)^{1/(1-\alpha)}\right)}{w^*}+\left(\frac{\alpha}{w^*}\right)^{1/(1-\alpha)}=T$,从中解得均衡工资率为 $w^*=\alpha\left(\frac{1-\beta(1-\alpha)}{\alpha\beta T}\right)^{1-\alpha}$。

4. 假设一个经济体中的五个人 A,B,C,D,E 的日生产可能性边界如表 9-1 所示。请回答下面的问题:

(1)填空回答边际成本。

(2)假设生产信息被一个计划者得到,现在要生产一个单位的 Y,应该由谁来生产。

(3)画出社会的生产可能性边界。

(4)为什么说“只要生产是有效率的,那么生产的边际成本上升”?

表 9-1　日生产可能性边界

经济人	产出 X	产出 Y	Y 的边际成本(X 的价格为 1)
A	6	3	
B	3	3	
C	1	2	
D	9	6	
E	6	10	

解:(1)边际成本就是增加一个单位产出 Y 所要放弃的产出 X 的价值,因此五个人的边际成本依次为:2,1,0.5,1.5,0.6。

(2)应该由边际成本最低的人来生产,即 C。

(3)社会生产可能性边界图如图 9-1 所示。

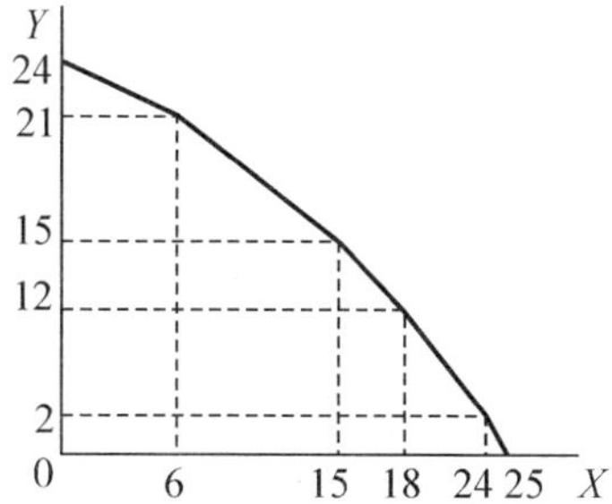

图 9-1　社会生产可能性边界

(4)以生产 Y 为例,如果要有效率的生产,那么当生产 Y 的数量小于 2 时,由边际成本最低的生产者 C 生产,这时边际成本为 0.5;如果增大 Y 的生产量,这时边际成本为 0.6 的生产者 E 也开始生产 Y;随着 Y 的产量上升,社会只能靠边际成本越来越高的人来生产。

三、思考题

1. 局部均衡和一般均衡的区别是什么?

2. 如何描述一个资源配置?

3. 什么是可行的资源配置?

4. 请说明瓦尔拉斯法则和瓦尔拉斯均衡条件的区别。

5. 为什么在两种商品的纯交换经济中,一般均衡分析只能得到两种商品的相对价格?

6. 给定一个资源配置,如何找到帕累托改善的区间。

7. 假设在纯交换经济中的一个资源配置有 $MRS_{1,2}^1=1<MRS_{1,2}^2=2$,请给出互利交易的价格区间。

8. 交换的前提条件是什么?

9. 如何理解帕累托有效率的资源配置与公平无关?

10. 生产可能性边界是如何得到的?

11. 利用福利经济学第二基本定理说明市场的作用和局限。

12. 有人认为两极分化是市场机制的一个缺陷,你如何理解?

13. 在一个社会经济中,生产要素在不同行业间有效率配置的特征是什么?

14. 请问在什么情况下会发生"即使个体生产都是有效率的,社会生产也是无效率的"?

15. 在封闭经济和开放经济中选择产出组合的区别是什么?

16. 为什么边际替代率和边际转换率相等是产出组合有效率的条件?

四、习题

1. 假设两个消费者的间接效用函数和禀赋如下：

$v_1(p_1,p_2,w)=\ln w-a\ln p_1-(1-a)\ln p_2, w_1=(1,1)$

$v_2(p_1,p_2,w)=\ln w-b\ln p_1-(1-b)\ln p_2, w_2=(1,1)$

计算市场出清的价格。

2. 证明：在只有两种商品的纯交换经济模型中，一种商品的超额需求为正，另一种商品的超额需求必为负。

3. 假设一个纯交换经济中消费者 1 的效用函数为 $u_1(x_1^1,x_2^1)=x_1^1x_2^1$，消费者 2 的效用函数为 $u_1(x_1^2,x_2^2)=\min\{x_1^2,x_2^2\}$。消费者 1 拥有 0 个单位的商品 1 和 10 个单位的商品 2，消费者 2 拥有 20 个单位的商品 1 和 5 个单位的商品 2，求两人的竞争性均衡。

4. 在一个二人世界中，消费者 1 的效用函数为 $u_1(x_1^1,x_2^1)=x_1^1+x_2^1$，消费者 2 的效用函数为 $u_1(x_1^1,x_2^1)=\max\{x_1^1,x_2^1\}$，两人具有相同的禀赋$\left(\frac{1}{2},\frac{1}{2}\right)$，求竞争性均衡并在埃奇沃斯方盒中描述。

5. 在一个岛上，有 200 千克粮食在两个人之间进行分配。第一个人的效用函数是 $u_1=\sqrt{x_1}$，x_1 是他的消费数量；第二个人的粮食消费的效用函数是 $u_2=\frac{1}{2}\sqrt{x_2}$，$x_2$ 是他的消费数量。

(1) 如果粮食在两个人之间平等分配，他们各自的效用是多少？

(2) 如果他们的效用相等，粮食应该如何分配？

(3) 要使他们的效用之和最大，粮食应该如何分配？

(4) 假设第二个人能够生存的效用水平是 5，如果想要在满足第二个人最低效用水平的前提下使效用之和最大，粮食应该如何分配？

(5) 假定两个人都赞成社会福利函数为 $W=u_1{}^{1/2}u_2{}^{1/2}$，那么在两个人之间应该怎样分配粮食？

6. 在有两种产品 X 与 Y 的纯经济中，消费者 A 的效用函数 $U_A = X_A Y_A$，消费者 B 的效用函数 $U_B = X_B Y_B^2$，经济中一共有 100 个单位 X 与 50 个单位 Y，求经济的契约曲线。

7. 假设鲁宾孙利用劳动投入可以捕鱼或摘椰子。令鱼的数量为 x，用于捕鱼的时间为 l_x；椰子的数量为 y，摘椰子的时间为 l_y。其生产函数为 $x = (l_x)^{0.5}$，$y = (l_y)^{0.5}$。如果时间总量为 100，那么请计算生产可能性边界。

8. 鲁宾孙靠捕鱼为生，他的生产函数为 $F = \sqrt{L}$，其中 F 是鱼的数量，L 是工作时间。他一天有 10 小时用于工作或游泳。他对鱼和游泳的效用函数为 $u(F, S) = FS$，其中 S 为游泳时间。

(1)他的最佳捕鱼量是多少？工作时间是多少？

(2)假设他按照市场方式来运作，成立一个追求利润最大化的公司来生产鱼，雇用自己，然后再用工资和利润从该企业买鱼。该市场假设为完全竞争型市场。均衡价格是多少？此价格下的生产(消费)和工作量是多少？

9. 有一种两个消费者、两种物品的交换经济，消费者的效用函数和禀赋如下：

$$u^1(x_1, x_2) = \min\{x_1, x_2\}$$

$$v^2(p, y) = \frac{y}{2\sqrt{p_1 p_2}}$$

$$e^1 = (30, 0)$$

$$e^2 = (0, 20)$$

(1)求解瓦尔拉斯一般均衡。

(2)如果禀赋状态为 $e^1 = (5, 0)$，$e^2 = (0, 2)$，重新计算一般均衡。

10. 证明：在有 n 种商品的经济中，如果只有 $n-1$ 个商品的市场已经实现了均衡，那么第 n 个商品进入市场后，市场必定出清。

11. 证明：如果配置$(X_1, \cdots, X_I, Y_1, \cdots, Y_J)$和价格向量 $P >> 0$ 构

成一个竞争性均衡，那么配置$(X_1,\cdots,X_I,Y_1,\cdots,Y_J)$和价格向量$\alpha P$也构成竞争性均衡，对于任何一个$\alpha>0$。

12. 考虑一个中央权威，它拥有数量为x的某种商品并负责分配给i个消费者，消费者均有一个拟线性效用函数$\varphi_i(x_i)+m_i$，中央权威分配商品以最大化消费者效用$\sum u_i$。

(1)写出中央权威的选择问题并推导出一阶条件。

(2)假定$f(x)$是中央权威选择问题的值函数，且$P(x)=f'(x)$。如果$(X_1^*,\cdots,X_i^*)$是给定数量x的最优配置，那么$P(x)=\varphi_i'(x_i^*)$，对于所有的i。

(3)证明：$P(\cdot)$是总需求函数$x(\cdot)$的反函数。

13. 假设经济中两个消费者的效用函数分别为$U_A=X_AY_A$，$U_B=X_BY_B$，两个生产者的生产函数分别为$X=L_XK_X$，$Y=L_YK_Y$，其中$L_X+L_Y=10$，$K_X+K_Y=100$，求出同时实现帕累托生产和交换的最优条件。

14. 假如经济中X、Y的生产函数分别为$X=3L_X^{\frac{1}{3}}K_X^{\frac{2}{3}}$，$Y=L_Y$，两个消费者A、B的效用函数分别为$U_A=X_A^{\frac{1}{2}}Y_A^{\frac{1}{2}}$，$U_B=X_B^{\frac{1}{2}}Y_B^{\frac{1}{2}}$，其中$L$和$K$的初始数量为$L=108$，$K=64$。求：

(1)生产可能性边界。

(2)竞争性均衡时的产量、要素投入量和价格。

五、扩展习题

1. 在一个二人世界中，每个人拥有劳动和资本要素，并可以生产两种产品。两种产品的数量分别表示为x和y。消费者A的效用函数为$u_A=x_A(y_A)^2$，消费者B的效用函数为$u_B=(x_B)^2y_B$。两个人拥有相同的生产技术，两种产出的生产函数分别为$x=l^{\frac{1}{2}}k^{\frac{1}{2}}$，$y=4l^{\frac{1}{2}}k^{\frac{1}{2}}$。消费者A的禀赋为800个单位的资本、100个单位的劳动；消费者B的禀赋为400个单位的资本、200个单位的劳动。求竞争性均衡(要素和产品的价格以及资源的配置)。

2. 由A和B两个人、X和Y两种产品构成的经济中，A和B的效用函数分别为 $U_A = X_A Y_A$，$U_B = 40(X_B + Y_B)$，X和Y的初始量为(120,120)，求该经济的效用可能性边界。

六、推荐阅读材料

1. ARROW K, G DEBREU. Existence of equilibrium for competitive economy[J]. Econometrica, 1954(22): 265-90.

2. ARROW K, F H HAHN. General competitive analysis[M]. Amsterdam: North-Holland, 1978.

3. DEBREU G. Theory of value[M]. NewYork: John & Sons, 1959.

4. 哈尔·R. 范里安.微观经济学现代观点[M]. 费方域，朱保华，等译.9版.上海：格致出版社，上海三联书店，上海人民出版社，2015.

5. 杰弗里·杰里，菲利普·J.瑞尼.高级微观经济理论[M]. 谷宏伟，译.3版.北京：中国人民大学出版社，2012.

第十章　垄断

一、学习目标

1. 完全垄断市场是指一个厂商独自满足全部市场需求,且不存在相近替代品。这时垄断厂商具有面对向右下方倾斜的市场需求曲线。

2. 垄断厂商的利润最大化的产量被称为垄断产量,满足边际收益等于边际成本。给定垄断产量,由市场需求决定的价格称为垄断价格。

3. 垄断厂商的行为可以理解为在市场需求曲线上选择一个点。只要边际成本非负,垄断厂商的选择一定不会落在市场需求曲线缺乏弹性的区域。从边际收益和边际成本相等的条件可得,垄断价格中超出边际成本的部分所占的比例取决于市场需求弹性,这被称为垄断价格的反弹性原则。

4. 垄断产量小于总剩余最大化的产量,未能实现的总剩余被称为垄断的无谓损失,或者称为垄断的社会福利净损失,又或者说垄断市场是无效率的。

5. 如果垄断厂商掌握了消费者需求的相关信息,并且可以阻止消费者的套利行为,就可以实施价格歧视以实现利润最大化。根据垄断厂商掌握的消费者需求信息的多少,价格歧视分为一级价格歧视、二级价格歧视和三级价格歧视三种。

6. 当垄断厂商拥有消费者需求的完全信息时,可以使用全部收费或全不收费的方式或者使用两部收费法实施一级价格歧视。垄断厂商由此占有全部消费者剩余，但垄断产量和有效率的产量相同，所以一级价格歧视是有效率的。

7. 当垄断厂商可以根据消费者的外在特征把消费者分成不同的类别，从而对市场进行细分时，就可以在不同的细分市场上收取不同的价格，即三级价格歧视。其基本原则为 $MR_1 = MR_2 = MC$。

8. 如果垄断厂商仅仅知道存在不同类型的消费者，但无法识别每个消费者所属的类别，就可以实施二级价格歧视，其方法是提供不同的消费方案供消费者选择。如果不同类型的消费者选择了不同的消费方案，那么这样做提高了厂商的利润，价格歧视也得到了成功的实施。

9. 对垄断的治理有反垄断和管制两种方式。自然垄断行业具有成本次可加性，实施反垄断政策会导致生产效率下降，因此往往采取价格管制措施。有效率的价格管制是边际成本定价，但这会导致厂商亏损，次优的做法是按照平均成本定价。同时，不同的管制方法都需要管制者拥有必要的成本信息。因此，在管制者缺乏信息的时候，管制方法需要更具激励性。

二、例题

1. 假设一垄断市场需求函数为 $Q = kp^{-\varepsilon}$，垄断厂商的成本函数为 $C(Q) = cQ$，求垄断价格，并说明价格和边际成本的关系。

解：(1) 此市场的反需求函数为 $p = \left(\frac{k}{Q}\right)^{\frac{1}{\varepsilon}}$。

(2) 垄断厂商的利润最大化问题为 $\max\limits_{Q} k^{\frac{1}{\varepsilon}} Q^{1-\frac{1}{\varepsilon}} - cQ$，一阶条件为

$$\left(1 - \frac{1}{\varepsilon}\right)\left(\frac{k}{Q}\right)^{\frac{1}{\varepsilon}} = c。$$

(3) 把 $p = \left(\frac{k}{Q}\right)^{\frac{1}{\varepsilon}}$ 代入上面的一阶条件，就得到 $p\left(1 - \frac{1}{\varepsilon}\right) = c$，因为

ε 就是需求弹性,此表达式为垄断价格的反弹性原则。$p=\dfrac{c}{\left(1-\dfrac{1}{\varepsilon}\right)}$,即垄断价格是边际成本加成而得的,并且因为此市场需求具有不变需求弹性的特征,所以加成系数不变。

2. 假设一垄断厂商的成本函数为 $C(Q)=cQ$,面对线性需求,对此商品征收从量销售税,单位税额为 t,请分析税收归宿。

解:(1)假设线性需求函数为 $p=a-bQ$,无税收时的垄断价格为$\dfrac{a+c}{2}$。

(2)征收从量税后的垄断价格为$\dfrac{a+c+t}{2}$,但生产者仅仅得到$\dfrac{a+c-t}{2}$,因此垄断承担的税收为$\dfrac{t}{2}$。

3. 一垄断厂商的成本函数为 $C(Q)=cQ$,垄断厂商了解到一消费者的需求函数为 $Q=D(p)$,请分析此垄断厂商如何使用两部收费法对此消费者实施完全价格歧视。

解:(1)垄断厂商面对的问题为下面的优化问题。

$$\max_{A,p} A+pD(p)-cD(p)$$

$$\text{s.t.} A\leqslant \int_{p}^{P} D(t)\,\mathrm{d}t$$

(2)最优解满足 $A=\int_{p}^{P} D(t)\,\mathrm{d}t$,即固定收费等于消费者剩余。

(3)把上式代入目标函数,对价格求导,从一阶条件得到 $p=c$。

4. 一垄断厂商的成本函数为 $C(Q)=2Q$。市场上有两类消费者,第一类消费者共 20 人,每人的需求函数为 $p=10-q$;第二类消费者共 10 人,每人的需求函数为 $p=10-\dfrac{q}{3}$。请分析回答以下问题:

(1)垄断厂商采取非歧视性的垄断定价,请计算价格和利润。

(2)垄断厂商可以根据消费者的外在特征区分不同类型的消费者,并可以采取两部收费方法。请分析如何实施价格歧视。

(3)垄断厂商无法识别不同的消费者的类型,但掌握了题目中的市场信息。如何实施价格歧视?

解:(1)第一类消费者的总需求为 $Q_1=200-20p$,第二类消费者的总需求为 $Q_2=300-30p$。市场需求为 $Q=500-50P$。非歧视定价就是求解下面的优化问题:$\max\limits_{p}(500-50p)\times p-2\times(500-50p)$,从中解得垄断价格为 6,垄断利润为 800。

(2)因为消费者只有两种类型,垄断厂商可以识别不同类型的消费者,所以这时可以实施完全价格歧视。当采取两部收费方法时,固定费用等于消费者剩余,单位价格等于边际成本。因此,对第一类消费者的收费方法是 $32+2\times q$;对第二类消费者的收费方法是 $96+2\times q$。

(3)当垄断厂商无法区分不同类型的消费者时,可以利用全部收费或全不收费的方法实施二级价格歧视,即提供两种不同的消费方案(R_1,q_1)和(R_2,q_2)供消费者选择。我们知道,两种消费方案需要满足无套利条件,并且要能够实现最大化的利润。由于第一类消费者所占比例为 2/3,第二类消费者所占比例为 1/3,因此最优的消费方案组合如下:为第一类消费者设计的消费方案为(42,6),为第二类消费者设计的消费方案为(132,24),如图 10-1 所示。

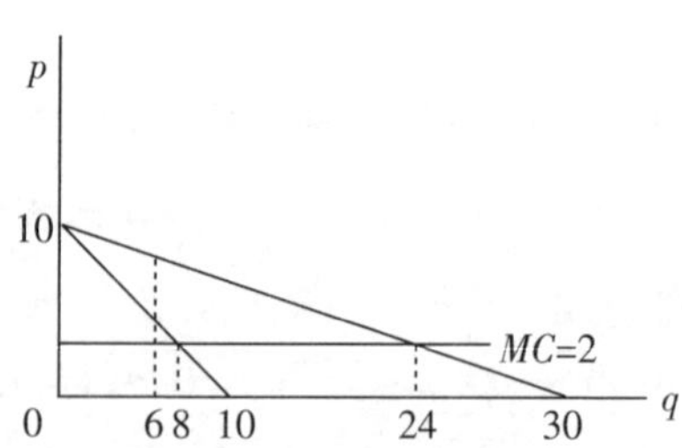

图 10-1　二级价格歧视

三、思考题

1. 垄断的含义是什么？

2. 当市场需求为线性时，说明边际收益曲线和市场需求曲线的关系。

3. 为什么完全竞争厂商的边际收益和价格相等？

4. 为什么垄断厂商的选择不会落在需求缺乏弹性的区域？

5. 为什么垄断厂商没有供给曲线？

6. 如何理解垄断的无谓损失？

7. 假设对垄断利润征收重税并转而补贴消费者，这样做之后垄断还有福利损失吗？

8. 三级价格歧视实施的条件的区别是什么？

9. 如果一个垄断厂商不能够差别定价，那么经济中存在一定的社会净损失；如果它实行了一级差别定价，那么社会的净损失更多。这种说法正确吗？

10. 请定义一个参照系来定义一个银行是否根据不同的贷款者的肤色实施了歧视，并判断如果一个银行实施了歧视，如对黑人，那么黑人贷款的呆坏账率和白人贷款的呆坏账率相比，是高还是低？

11. 若垄断厂商提供不同质量档次的商品，请问如何设置质量差别？

12. 二级价格歧视中的消费方案的组合需要满足什么特征？

13. 自然垄断行业的特征是什么？

14. 公交公司对外宣称要通过提高价格来改变亏损状况，你对此有何评价。

15. 请说明反垄断中的权衡。

16. 政府垄断彩票业和允许自由竞争的结果有什么不同？

四、习题

1. 反需求函数为 $p(q)=10-q$,垄断者有 4 个单位的初始商品供给,应如何定价? 如果有 6 个单位初始商品的供给,那么如何定价?

2. 什么形式的需求曲线使 $\frac{\mathrm{d}p^m}{\mathrm{d}c}=1$ (其中 c 是边际成本)?

3. 一个房东垄断了 10 套出租房,面对反市场需求 $p=a-bq$,自由地选择出租住房的数量和租金,但不能实施价格歧视。请问:在市场需求满足什么条件的时候不会存在效率损失。

4. 假设一个垄断者面对的反需求函数为 $p(q)$,成本函数为 $c(q)$,这两个函数都是可微的。政府能够对垄断者征税或进行补贴。请问:每个单位产出的税额或补贴额为多少时才使得垄断者的行为是有效率的?

5. 已知垄断厂商面临的约束条件如下:需求曲线为 $P=50-Q$;成本曲线为 $TC=1+2Q+Q^2$。请问:

(1)该厂商的利润最大化的价格和产量是多少? 最大化的利润是多少?

(2)如果对企业征收总额税 50 元,企业的最优决策是什么?

(3)如果对每个单位产品收取 4 元税收,企业的最优决策是什么?

6. 假设市场需求曲线为 $P=60-Q$,企业成本为 $C=Q^2$。请问:

(1)在垄断情况下,市场的价格、产量和企业的利润是多少?

(2)在完全竞争情况下,市场的价格、产量和企业的利润是多少?

(3)垄断造成福利损失有多大?

7. 一垄断厂商的生产成本为 $c(q)=2q$,两个消费者的需求函数分别为 $p_1=10-q_1$,$p_2=20-q_2$,该垄断厂商如何实施完全价格歧视?

8. 一垄断厂商面对反需求函数 $p(q)$，不仅要选择产量，而且要为降低成本而做投资。单位生产成本函数取决于投资水平 I，设为 $c(I)$，并满足 $c'(I)<0, c''(I)>0$。分析此垄断者的最优选择，并与社会计划者的选择相比较。

9. 设某完全垄断企业拥有 A 和 B 两个工厂，成本函数分别为 $TC_A = 4q_A^2+5, TC_B=2q_B^2+10$。市场需求函数为 $p=100-2Q$。

(1)求该企业利润最大时的产量、价格和利润。

(2)若政府采用边际成本定价法对其产品价格加以限制，则该企业的产量、价格、利润为多少？

10. 一垄断厂商面临的需求曲线为 $p=100-3q+4A^{0.5}$，其成本函数为 $c=4q^2+10q+A$（A 为广告费用）。

(1)求利润最大化时的 A, q, p。

(2)求利润最大化时的勒纳指数。

11. 一垄断企业面临的需求函数为 $P=304-2Q$，成本函数为 $TC=500+4Q+4Q^2$。

(1)求企业销售收入最大化时的产量、利润。

(2)求企业利润最大化时的产量、利润。

12. 假设一垄断企业的边际成本和平均成本为每个单位 5 元。其在两个市场上销售产品，第一个市场的需求为 $Q_1=55-P_1$，第二个市场的需求为 $Q_2=70-2P_2$。

(1)如果企业能严格分割这两个市场，请问每个市场的价格和产量是多少？企业的利润是多少？

(2)如果两个市场间的商品能够流通，但运输费是每个单位 5 元，请问每个市场的价格和产量是多少？企业的利润是多少？

(3)如果两个市场间的商品能够流通，但无运输费，请问每个市场的价格和产量是多少？企业的利润是多少？

13. 已知垄断者的成本函数为 $TC=6Q+0.05Q^2$，产品需求函数为 $Q=360-20P$。

(1)求利润最大时的销售价格、产量和利润。

(2)政府试图对该垄断企业采取规定产量的措施使其达到完全竞争行业所能达到的产量水平。求解这个产量水平和此时的价格以及垄断者的利润。

(3) 政府试图对垄断企业采取限价措施使其只能获得生产经营的正常利润，求解这个限价水平以及垄断企业的产量。

14. 垄断企业成本为 $AC=MC=2$。市场上有两类消费者，第一类消费者 40 人，每个人的需求函数是 $p=20-q$；第二类消费者 80 人，每个人的需求函数是 $p=16-2q$。

(1)垄断厂商不能实行价格歧视，市场的价格、数量和企业的利润是多少？

(2)垄断企业知道每类消费者的需求曲线，并可以用两部收费方法，如何实行价格歧视？

(3)垄断企业知道每类消费者的需求曲线，在每个市场上企业不能用两部收费方法，但可以收取不同的价格，如何实行价格歧视？

(4)如果垄断企业无法识别消费者的类型，如何实行价格歧视？

15. 垄断企业成本为 $AC=MC=6$，面临两个分隔的市场，市场一的需求曲线为 $p=24-q$，市场二的需求曲线为 $p=12-0.5q$，现在垄断企业使用两部收费制 $T=A+pq$ 来定价，T 为总费用，A 为固定费用，p 为边际价格。

(1)如果垄断企业能区分两类市场，请求 A 和 p 的值以及企业的利润。

(2)如果垄断企业不能区分两类市场，但把 p 定义为边际成本，请求 A 的值和企业利润。

(3)如果垄断企业不能区分两类市场，但不把 p 定义为边际成本，请求 A 和 p 的值以及企业的利润。

五、扩展习题

1. 假设需求函数为 $q=D(p,s)$，其中 s 表示广告投入。增加广告投入可以增加需求者的人数。假设成本对产出与广告是可加的：$C(q,s)=C(q)+s$。证明：垄断者的最优广告投入占销售收入的比率，等于对于广告的需求弹性与对于价格的需求弹性的比率，即 $\frac{s}{pq}=\frac{\varepsilon_s}{\varepsilon_p}$。

2. 假设一个成本函数为 $C(q)=cq(c>0)$ 的垄断厂商面对两类消费者，第一类消费者的效用函数为 $u(q,T)=\theta_L v(q)-T$。其中，θ_L 是偏好参数，q 是一个消费者购买的数量，T 是要支付的费用。第二类消费者的效用函数为 $u(q,T)=\theta_H v(q)-T$，并且有 $\theta_H>\theta_L$。

(1) 假设该垄断厂商不仅知道每个消费者的偏好信息，而且可以成功地阻止消费者之间的套利，该垄断厂商如何实施价格歧视以实现最大利润？

(2) 如果该垄断厂商仅仅知道第一类消费者的比例是 $\frac{1}{3}$，却无法识别每一个消费者的类别，那么他如何实施价格歧视以实现最大化的利润？

3. 两个消费者的效用函数为 $u_i(x_i,y)=a_i x_i+y_i(i=1,2)$。其中，商品 y 的价格为 1，消费者的初始财富为 100。x_i 是消费者 i 所拥有的商品 x 的数量。$a_2>a_1$。一个垄断厂商供给产品 x，边际成本为零，最多只能提供 10 个单位的此商品。垄断者采取二级价格歧视，提供消费方案为 (x_1,r_1) 和 (x_2,r_2)，其中 r_i 是购买商品 x_i 个单位的费用。请回答以下问题：

(1) 写出垄断者的利润最大化问题。

(2) 给出最优解。

六、推荐阅读材料

1. POSNER R A. The social costs of monopoly and regulation[J]. Journal of Political Economy,1975(83):807-827.

2. STIGLER G J. The theory of economic regulation[J]. Bell Journal of Economics and Management Science,1971(2):3.

3. CHAMBERLIN E. The theory of monopolistic competition[M]. Cambridge:Harvard University Press,1933.

4. 克里斯托弗·斯奈德,沃尔特·尼科尔森.微观经济理论:基本原理与扩展[M].杨筠,译.11 版.北京:北京大学出版社,2015.

5. 哈尔·R. 范里安.微观经济学:现代观点[M]. 费方域,朱保华,等译.9 版.上海:格致出版社,上海三联书店,上海人民出版社,2015.

第十一章　寡头市场

一、学习目标

1. 寡头市场的核心特征是每个厂商的行为都对其他厂商有显著的影响,从而每个厂商在决策时不仅要考虑自身的行为对其他厂商行为的影响,而且要预测其他厂商的行为。简言之,寡头市场的均衡是寡头厂商之间的相互作用的稳定状况。

2. 如果寡头之间形成了有约束力的协议,共同限制产量,提高价格,追求联合利润最大化,那么这种组织被称为卡特尔。如果卡特尔内部按照生产效率安排成员的产量份额,那么卡特尔的总产量和价格就如同垄断厂商一样。卡特尔具有内在不稳定性,从而需要有效的监督和惩罚机制。

3. 古诺模型刻画的是寡头之间一次性的相互作用、产量竞争的情况。首先求解每个寡头的反应函数,然后求解均衡产量。

4. 伯特兰模型刻画的是寡头之间一次性的相互作用、价格竞争的情况。如果产品同质,不存在生产能力限制,并且寡头厂商具有相同的成本函数,那么均衡价格等于边际成本。

5. 斯塔克尔伯格模型刻画的是寡头之间相继行动的情况,分为产量领导模型和价格领导模型。在产量领导模型中,首先求解追随者的反应函数,然后求解领导者在预期到此反应函数下的利润最大化的产量,最后代入追随者的反应函数以得到追随者的产量。同样的思路也可以求解价格领导模型。

6. 如果存在重复性的相互作用,那么默契合谋可以成为触发策略下的均衡结果。若相互作用无限次重复,则我们可以求解:

(1)支持合谋产量或价格的最低贴现因子。

(2)最低贴现因子所支持的合谋产量或价格。

7. 豪泰林模型是一次性同时价格竞争的异质产品的寡头模型,请注意它和伯特兰模型的区别与联系。

二、例题

1. 假设反市场需求为 $p=100-Q$,两个厂商的成本函数分别为 $C_1(q_1)=q_1^2, C_2(q_2)=2q_2^2$。如果两个厂商组成卡特尔,并且按照成本最小化的原则分配产量,那么求其利润最大化的价格、总产量以及每个成员的产量。

解:(1)卡特尔的决策是以下优化问题。

$$\max_{q_1,q_2}(100-q_1-q_2)\times(q_1+q_2)-(q_1)^2-2(q_2)^2$$

(2)一阶条件为 $(100-2q_1-2q_2)-2q_1=0$ 以及 $(100-2q_1-2q_2)-4q_2=0$,从中可以解得 $q_1^*=20, q_2^*=10$。

(3)卡特尔的总产量为30,价格为70。

2. 假定反市场需求为 $p=a-bQ$,追随者的成本为 $C_2(q_2)=(q_2)^2/2$,领导者的成本为 $C_1(q_1)=cq_1$,求产量领导模型的均衡。

解:(1)从追随者的利润最大化问题解得其反应函数为 $q_2=\dfrac{a-bq_1}{2b+1}$。

(2)领导者的利润最大化问题为 $\max\limits_{q_1}\left(a-bq_1-b\dfrac{a-bq_1}{2b+1}\right)q_1-cq_1$,从中可以解得领导者的均衡产量为 $q_1^*=\dfrac{a}{2b}-\dfrac{2bc+c}{2b^2+2b}$。

(3)把它代入追随者的反应函数，可得追随者的均衡产量为$q_2^* = \frac{a}{4b+2} + \frac{bc}{2b^2+2b}$。

3. 在一个双寡头市场上，厂商 1 的成本函数为 $C_1(q_1) = c_1 q_1$，厂商 2 的成本函数为 $C_2(q_2) = c_2 q_2$，市场需求为 $p = a - b(q_1 + q_2)$。请分析回答如下问题：

(1)如果两个厂商同时选择产量，求均衡产量。

(2)如果厂商 1 是领导者，厂商 2 是追随者，求均衡产量。

(3)如果两个厂商无限次重复博弈，并假设 $c_1 = c_2 = c$，t 期的背离合谋的行为会在下期期初被观察到，并从此进行古诺产量竞争。求可以成为合谋产量的最低贴现因子。

解：(1)从厂商 1 的利润最大化问题得到其反应函数为 $q_1 = \frac{a-c_1}{2b} - \frac{q_2}{2}$，从厂商 2 的利润最大化问题得到其反应函数为 $q_2 = \frac{a-c_2}{2b} - \frac{q_1}{2}$，两个方程联立得到均衡产量为 $q_1 = \frac{a-2c_1+c_2}{3b}$，$q_2 = \frac{a-2c_2+c_1}{3b}$。

(2)从厂商 2 的利润最大化问题得到追随者的反应函数为 $q_2 = \frac{a-c_2}{2b} - \frac{q_1}{2}$，领导者在此反应函数约束下选择产量，以实现自身利润最大化，均衡产量为 $q_1 = \frac{a-2c_1+c_2}{2b}$，把它代入追随者的目标函数得到追随者的均衡产量为 $q_2 = \frac{a-3c_2+2c_1}{4b}$。

(3)当 $c_1 = c_2 = c$ 时，古诺均衡产量为 $q_1 = q_2 = \frac{a-c}{3b}$，每个厂商的利润为$\frac{(a-c)^2}{9b}$。如果生产合谋产量，每个厂商每期利润为$\frac{(a-c)^2}{8b}$。背

离合谋的利润最大化的产量为$\frac{3(a-c)}{8b}$,得到利润为$\frac{9(a-c)^2}{64b}$。设贴现因子为δ,因此合谋的条件为$\frac{1}{1-\delta}\frac{(a-c)^2}{8b} \geqslant \frac{9(a-c)^2}{64b}(1+\delta)+\frac{\delta^2}{1-\delta}\frac{(a-c)^2}{9b}$,从中解得$\delta \geqslant \sqrt{\frac{9}{17}}$。

4. 一个潜在进入者在考虑是否进入一个市场,进入后将和在位企业展开古诺竞争。已知市场需求为$p=10-q_1-q_2$,两个厂商不变的平均可变成本都为1,但进入者要额外承担的进入成本为10。请分析进入是否发生。

解:(1)不变的平均可变成本即为不变的边际成本,因此进入后的均衡产量为$q_1=q_2=3$。

(2)如果进入,进入者的利润为$(10-3-3)\times3-1\times3-10=-1$;如果不进入,利润为零。因此,潜在进入者的理性选择是不进入。

三、思考题

1. 如何区分不同的寡头市场模型?
2. 卡特尔如何安排产量和价格?
3. 由于卡特尔的成功维持需要解决监督和惩罚问题,请分析在什么条件下卡特尔更容易长期维持?
4. 古诺均衡有效率吗?
5. 什么是伯特兰悖论?如何解决?
6. 用斯塔克尔伯格模型理解先动优势。
7. 用斯塔克尔伯格模型理解领导者的产量如何影响其利润。
8. 贴现因子如何影响重复博弈的均衡结果?
9. 监督和惩罚的措施如何影响重复博弈的均衡结果?
10. 什么是异质产品?请举例说明。

四、习题

1. 假设一市场需求为 $p=100-0.5(q_1+q_2)$，企业 1 的成本函数为 $c_1=5q_1$，企业 2 的成本函数为 $c_2=0.5(q_2)^2$。

(1)若两企业串通，求均衡产量。

(2)若两企业同时选择产量，求古诺均衡。

(3)若企业 1 为领导者，企业 2 为追随者，求产量领导均衡。

(4)若企业 1 为领导者，企业 2 为跟随者，求价格领导均衡。

2. 考虑一个有两个厂商的行业，每个厂商的单位成本都为 2。这个行业面对的反需求函数为 $p(Q)=12-Q$，这里 $Q=q_1+q_2$ 表示总产出。

(1)如果两个厂商组成卡特尔，那么市场价格和数量为多少？

(2)两个厂商进行古诺竞争，均衡价格是多少？

(3)如果厂商 1 有先动优势，那么产量竞争的均衡结果是什么？

3. 假设有一个制造商垄断市场，市场需求曲线为 $Q=13-p$，生产成本为 $C=q+6.25$，有一个成本相同的潜在竞争者可以生产同质产品。运用斯塔克尔伯格模型说明垄断厂商如何确定产量和价格以阻止其他厂商进入。

4. 假设行业内有 n 个相同的厂商，需求和成本函数分别为 $p=a-b\sum_{i=1}^{n}q_i$，$C(q_i)=cq_i$。其中，$a>0, b>0, a>c$。求古诺均衡，并证明每个企业的勒纳指数 $L_i=\frac{p-C_i'}{p}=\frac{s_i}{\varepsilon}$。其中，$s_i=\frac{q_i}{Q}$是厂商 i 的市场份额，并说明当厂商数量 $n\to\infty$ 时，市场均衡的特征。

5. 市场上有两家企业生产异质产品，企业 1 的产品需求为 $P_1=\alpha-\beta q_1-\gamma q_2$，企业 2 的产品需求为 $P_2=\alpha-\gamma q_1-\beta q_2$。其中，$\beta>0, \beta^2>\gamma^2$。假设两种商品成本都为 $MC=AC=0$，求产量竞争均衡和价格竞争均衡。

6. 假设在伯特兰模型中存在 $c_1<c_2$，价格竞争的结果是什么？

7. 考虑一个由两家企业组成的寡头垄断行业，市场的需求由 $p=10-Q$ 给出，两家企业的成本函数分别为 $C_1=4+2Q_1$，$C_2=3+3Q_2$。

（1）若两家企业串通追求共同的利润最大化，则此时总的产量水平是多少？市场价格是多少？各自生产多少？各自获利多少？

（2）若两家企业追求各自的利润最大化，利用古诺模型，各自生产多少？各自利润是多少？市场价格是多少？给出各自的反应函数。

（3）若串通是非法的，但收购不违法，企业 1 会出多少钱收购企业2？

8. 假设市场对石油的需求为 $Q=-2\ 000P+70\ 000$，市场上有 1 000个相同的小企业生产石油，其边际成本都为 $MC=q+5$。

（1）如果每个小企业都是价格接受者，那么请计算市场均衡的数量和价格。

（2）假设一家大企业突然发现了一个大油田，能够以不变的边际成本提供石油，边际成本 $MC=15$。如果企业是价格领导者，那么市场的价格和数量会是多少？

9. 企业的 $AC=MC=6$，市场需求为 $Q=54-P$。

（1）如果市场上只有一家企业，那么利润最大化的价格和产量分别是多少？

（2）如果有相同成本结构的一家企业进入，两家企业进行古诺竞争，那么市场的价格和产量分别是多少？

（3）如果有 n 家企业进入进行古诺竞争，市场的价格和产量分别是多少？

（4）当 n 趋于无穷时，市场价格是多少？企业利润是多少？

10. 市场上有两家企业，其成本 $MC=AC=c$，需求曲线为 $P=a-Q$。如果两家企业合谋，求出市场价格和产量。如果两家企业平分产量和利润,说明为什么每家企业都有扩大产量、违背合谋的激励。

11. 双寡头市场上,两家企业生产异质性产品,企业 1 的需求函数为 $p_1=100-2q_2-q_2$,成本函数为 $C_1=2.5q_1^2$。企业 2 希望拥有 $\frac{1}{3}$ 的市场份额,请求出企业 1 和企业 2 的产量。

五、扩展习题

1. 假设有 n 个寡头进行同时行动的产量博弈,成本都为零,市场反需求函数为 $p(Q)=1-Q$。

(1)计算每个企业的产量和利润分别是多少?

(2)若 $m+1$ 个企业实行了兼并,则企业的总数变为 $n-m$,求兼并企业的总利润,并计算兼并的收益。

(3)证明:在上述条件下,只有当至少 80%的企业加入兼并时,兼并才有利可图。

2. 考虑一个长度为 1 的“线性城市”,消费者沿着城市均匀分布。有两家商店位于城市的两端,销售物质上相同的商品,其平均成本都为 C,商品 1 的区位是 $x=0$,商店 2 的区位是 $x=1$。商店的位置不同反映了产品的差异。消费者每个单位距离的运输成本是 t(这一成本包括消费者的时间价值)。假设单位需求,即每个消费者消费 0 个或 1 个单位的商品,这样需求量就和消费者的人数相同。以 p_1 和 p_2 代表这两家商店的价格。证明:

(1)如果两家商店之间的价格差不超过运输成本 t,即 $|p_2-p_1|\leqslant t$,那么需求分别为 $D_1(p_1,p_2)=\bar{x}(p_1,p_2)=\frac{p_2-p_1+t}{2t}$,$D_2(p_1,p_2)=1-\bar{x}(p_1,p_2)=\frac{p_1-p_2+t}{2t}$。

(2)价格竞争的均衡为 $p_1=p_2=c+t$。

3. 证明下面的惩罚机制可以维持卡特尔的稳定:假设厂商 2 的产量可以观察,厂商 1 可以通过给出具有承诺价值的反应函数 $dq_1=f(dq_2)=(q_1/q_2)dq_2$ 阻止厂商 2 的欺骗行为。

4. 假设两个企业供给一个市场,产量分别为 q_1 和 q_2,市场需求为 $p=100-q_1-q_2$。企业 1 的边际成本为 10,而且是公共知识。而企业 2 的边际成本是私人信息。企业 1 仅仅知道,如果企业 2 的类型属于高成本的,那么边际成本为 16,如果企业 2 属于低成本的企业,那么边际成本为 4。企业 1 对企业 2 的边际成本拥有先验的信念,两种类型的概率都是 50%。求解同时行动的产量竞争博弈的贝叶斯纳什均衡。

六、推荐阅读材料

1. COURNOT A. Research into mathematical principle of the theory of wealth[M]. London: Macmillan, 1938.

2. STIGLER G. A theory of oligopoly[J]. Journal of Political Economy, 1960(72): 44-61.

3. CHAMBERLIN E H. The theory of monopolistic competition[M]. Cambridge: Harvard University Press, 1933.

4. TIROLE J. The theory of industrial organization[M]. Mass: MIT University Press.

5. 哈尔·R. 范里安.微观经济学:现代观点[M]. 费方域,朱保华,等译.9 版.上海:格致出版社,上海三联书店,上海人民出版社,2015.

6. 平新乔.微观经济学十八讲[M]. 北京:北京大学出版社,2001.

第十二章　博弈论基础

一、学习目标

1. 博弈论用于分析存在于个体之间直接的相互作用和相互影响下的个体理性选择和均衡，分成合作博弈和非合作博弈。本章主要介绍了非合作博弈中的完全信息博弈的描述方法和解的概念。

2. 虽然任何博弈都可以用标准式和扩展式描述，但是为了方便，人们习惯于用标准式描述静态博弈，用扩展式描述动态博弈。

3. 标准式博弈也称为策略式博弈，主要包括参与者集合、参与者策略集合以及参与者的支付函数。两人有限策略博弈可以用支付矩阵描述策略组合和支付之间的关系。

4.（坦白，坦白）是囚徒困境中的占优策略均衡。囚徒困境反映了个体理性与集体理性的冲突。

5. 假设所有的参与者都是理性的，而且这是公共知识，可以求解一个博弈的重复剔除严格劣策略均衡。但是，很多时候，这一解无法提供准确的预测。

6. 纳什均衡是完全信息静态博弈的标准解的概念。纳什均衡中每个参与者的策略都是对其他参与者均衡策略的最佳应对。

7. 并不是所有的博弈都有纯策略纳什均衡。如果不存在纯策略纳什均衡，那么可以考虑是否存在混合策略纳什均衡。混合策略是指参与者随机地选择纯策略。而混合策略纳什均衡则可以同样用标准的方法求解。

8. 用扩展式描述完全信息动态博弈需要说明:参与者集合,谁在何时行动并且行动时知道什么,参与者的支付函数。博弈树是扩展式描述的直观化版本。

9. 当用策略式描述一个动态博弈时,我们需要理解行动和策略的不同,策略是完整的行动计划,为每个信息集规定行动。

10. 完全信息动态博弈的解是子博弈精练纳什均衡。通过求解子博弈的纳什均衡不断简化博弈,最终得到完整的均衡策略组合。完全信息动态博弈的基本方法是逆向归纳法。

11. 在无限次重复博弈中,只要贴现因子足够大,囚徒困境中的两个参与人就能达成合作,一直选择抵赖。

12. 在动态博弈中,纳什均衡与序贯理性相结合就得到了子博弈精炼纳什均衡。子博弈精炼纳什均衡剔除了纳什均衡中不可置信的威胁与承诺。

二、例题

1. 假设两个牧民可以在一个公共草地上自由放牧,用 q_1 和 q_2 分别表示两个人放牧的羊的数量,每只羊的价值为 $v=210-(q_1+q_2)^2$,每只羊的成本为10,请写出此博弈的策略式,并求纳什均衡。

解:(1)博弈的策略式为参与人 $N=\{1,2\}$;牧民 i 的策略空间为 $q_i\in(0,\infty)$;牧民 i 的支付函数为其利润$[200-(q_1+q_2)^2]q_i$。

(2)从牧民 i 的利润最大化问题的一阶条件得到 $200-3(q_i)^2-4q_iq_j-(q_j)^2=0$,此题的纳什均衡是对称的,因此均衡数量为$q_1=q_2=5$。

2. 计算性别战博弈中的混合策略纳什均衡。

解:(1)根据教材《中级微观经济学》画出如图 12-1 所示的性别战博弈,即博弈的支付矩阵。

	女生 M	女生 F
男生 M	1,2	0,0
男生 F	0,0	2,1

图 12-1　**性别战博弈**

(2)令男生的混合策略为以概率 p_1 选择 M;以概率 $1-p_1$ 选择 F。令女生的混合策略为以概率 p_2 选择 M;以概率 $1-p_2$ 选 F。

(3)给定女生的混合策略,男生选择 M 的期望支付为 p_2,选择 F 的期望支付为 $2-2p_2$,在混合策略纳什均衡中有 $2-2p_2=p_2$,由此解得 $p_2=\dfrac{2}{3}$。

(4)给定男生的混合策略,同理可以得到 $p_1=\dfrac{1}{3}$。

(5)此博弈的混合策略纳什均衡为 $\left[\left(\dfrac{1}{3},\dfrac{2}{3}\right),\left(\dfrac{2}{3},\dfrac{1}{3}\right)\right]$。

3. 如果把性别战博弈改变为女生先行动的完美信息动态博弈,请画出博弈树,并求解子博弈精练纳什均衡。

解:(1)动态的性别战博弈树如图 12-2 所示。

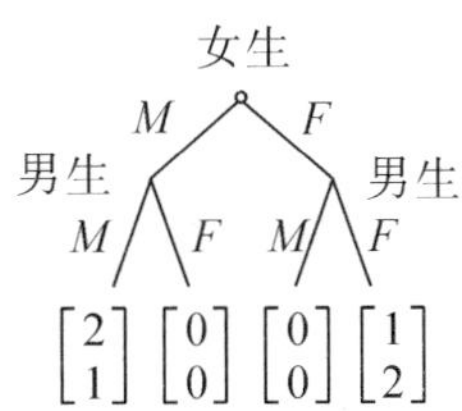

图 12-2　**动态的性别战博弈树**

(2)运用反向归纳法,首先分析男生的满足序贯理性的策略为若女生选择 M 则选择 M,若女生选择 F 则选择 F。把它表示为

(M,F)。然后,女生的均衡策略是选择 M。这样,此动态博弈的子博弈精练纳什均衡为 $[M,(M,F)]$。

4. 假设一个市场的反市场需求函数为 $p=a-q_1-q_2-q_3$,不变的平均成本都为 c,博弈规则为:首先,企业 1 选择产量 q_1;之后,观察到此产量后,企业 2 和企业 3 同时选择产量 q_2 和 q_3。请给出这个博弈的子博弈精练纳什均衡结果。

解:(1)求解此博弈的子博弈——企业 2 和企业 3 的产量竞争博弈的均衡,即 $q_2=q_3=\frac{a-c-q_1}{3}$。此为企业 2 和企业 3 对企业 1 的产量的反应函数,也是企业 1 对自己的产量所导致的后果的预期。

(2)求解企业 1 的利润最大化问题,得到企业 1 的均衡产量为 $q_1=\frac{a-c}{2}$,代入前面的反应函数得到 $q_2=q_3=\frac{a-c}{6}$。

5. 交易双方进行交替出价的讨价还价可以决定新增收益的分配。在奇数阶段,1 提出分配方案,2 选择接受或拒绝。若 2 选择接受则博弈结束,若 2 选择拒绝则进入下一阶段。在偶数阶段,正好相反。假设:第一,交易的收益随着时间的推移而减少。如果在第一阶段成交,新增收益为 1;如果在第二阶段成交,交易收益只有 1/2;如果在第三阶段成交,交易收益只有 1/4;如果在第四阶段成交,交易收益只有 1/8;如果在第四阶段都没有成交,交易就无法发生了。第二,两个人的贴现因子分别为 δ_1 和 δ_2。求此博弈的均衡结果。

解:(1)看第四阶段,1 拒绝的支付为 0,所以当 2 提出的分配方案给 1 留下的收益大于或等于 0 时,1 选择接受。因此,2 的理性选择是提出分配方案,为自己分配 1/8。

(2)看第三阶段,2 拒绝的支付为 $\frac{1}{8}\delta_2$,所以只有 1 提出使得 2 的支付大于或等于此值的分配方案才能被 2 接受。因此,1 提出分配方案:1 得到$\frac{1}{4}-\frac{1}{8}\delta_2$,2 得到$\frac{1}{8}\delta_2$。由于$\frac{1}{4}-\frac{1}{8}\delta_2>0$,因此 1 一定会这样做。

(3)看第二阶段,1 拒绝的支付为$\frac{1}{4}\delta_1-\frac{1}{8}\delta_2\delta_1$,所以只有 2 提出使得 1 的支付大于或等于此数值的分配方案才能被 1 接受。因此,2 提出分配方案:1 得到$\frac{1}{4}\delta_1-\frac{1}{8}\delta_2\delta_1$,2 得到$\frac{1}{2}-\frac{1}{4}\delta_1+\frac{1}{8}\delta_2\delta_1$。由于$\frac{1}{2}-\frac{1}{4}\delta_1+\frac{1}{8}\delta_2\delta_1>\frac{1}{8}(\delta_2)^2$,因此 2 一定会这样做。

(4)看第一阶段,2 拒绝的支付为$\frac{1}{2}\delta_2-\frac{1}{4}\delta_1\delta_2+\frac{1}{8}(\delta_2)^2\delta_1$,所以 1 提出分配方案为:1 得到 $1-\frac{1}{2}\delta_2+\frac{1}{4}\delta_1\delta_2-\frac{1}{8}(\delta_2)^2\delta_1$,2 得到$\frac{1}{2}\delta_2-\frac{1}{4}\delta_1\delta_2+\frac{1}{8}(\delta_2)^2\delta_1$。同理,1 一定会这样做。

(5)综合上述分析,此博弈的结果是 1 在第一阶段提议分配方案(如上所述),2 选择接受,博弈在第一期就结束。

三、思考题

1. 如何区分不同的博弈的类型?
2. 公共知识的含义是什么?
3. 完全信息博弈的含义是什么?
4. 如何用标准式描述一个博弈?
5. 什么是严格劣策略?为什么严格劣策略不可能是纳什均衡的组成部分?
6. 如果参与者事先约定了自己将会实施的策略,那么什么样的策略组合是可以自动实施的?

7. 为什么囚徒困境博弈的均衡是无效率的？

8. 什么是混合策略？如何定义混合策略纳什均衡？

9. 什么是占优策略？什么是占优策略均衡？

10. 行动和策略的区别是什么？如何定义扩展式博弈中的策略？为什么在静态博弈中策略集和行动集是一样的？

11. 博弈树的基本构成有哪些？

12. 策略组合和结果的区别是什么？

13. 什么是序贯博弈？什么是重复博弈？

14. 为什么纳什均衡含有完全信息动态博弈的不合理的预测？

15. 为什么反向归纳法求解的结果剔除了难以置信的策略？

16. 什么是子博弈？什么是子博弈精炼纳什均衡？

17. 什么是触发策略？

四、习题

1. 两人在玩“石头、剪刀、布”的游戏，输家支付为-1，赢家支付为1，打平支付为0，画出支付矩阵，写出其策略式。

2. 一个小镇中，有$N(N\geqslant 3)$个人，每人有100元钱，每人都向一个集资箱捐一笔钱(可以为零)，共收集到M元。那么从一个基金中拿出相同数量的钱放入集资箱，并最终由N个人平均分配集资箱中的钱，求解这一博弈的均衡。

3. 猪圈里有一头大猪、一头小猪。在猪圈的一头是食槽，另一头是一个按钮。不论是大猪还是小猪，按一次按钮的成本都是2个单位，每按一次按钮，就会有10个单位的食物进入食槽。食物的分配取决于进食的顺序，如果大猪先到，大猪得到9个单位的食物；如果小猪先到，大猪得到6个单位的食物；如果同时到，大猪得到7个单位的食物。聪明的大猪和小猪需要选择到底去不去按按钮。请画出支付矩阵，并求解博弈的均衡。

4. 政府在考虑是否给失业者提供帮助，而失业者的两个纯策略是寻找工作或待在家里等待救助。支付矩阵(救济博弈)如表 12-1 所示，求出混合策略纳什均衡。

表 12-1　救济博弈

		失业者	
		寻找工作	等待
政府	救济	3,2	-1,3
	不救济	-1,1	0,0

5. 求解如图 12-2 所示甲、乙博弈中的纳什均衡，并判断是否为一个囚徒困境。

		乙	
		$F2$	$B2$
甲	$F1$	3,4	7,2
	$B1$	2,8	6,5

图 12-2　甲、乙博弈

6. 假设一个市场的反市场需求函数为 $p=a-q_1-q_2-q_3$，不变的平均成本都为 c，博弈规则为：首先，企业 1 和企业 2 同时选择产量；随后，观察到这两个厂商的产量后，企业 3 选择产量。请给出这个博弈的子博弈精练纳什均衡的结果。

7. 两个人考虑分配 100 元钱，同时提出自己的分配要求，如果两个人要求分得的数目之和大于 100，无法达成协议，则每个人的收益为零。如果两个人要求分得的数目小于或等于 100，那么每个人都可以得到他自己要求的数目，剩下的钱捐献给慈善机构。请分析：

(1)此博弈是否存在严格劣策略，是否存在弱劣策略(无论对手选择什么策略，总是能找到一个策略的支付不低于此弱劣策略)？

(2)纯策略纳什均衡是什么？

8. 消费者在一条街道的两旁均匀分布，有两家银行在考虑设立储蓄所。假设两家银行服务相同，不能进行价格竞争，而且消费者总是愿意到距离自己最近的储蓄所办理业务，请求选址均衡。如果有三家银行，有均衡吗？如果有四家银行，有均衡吗？

9. 设古诺模型中有 n 家厂商。q_i 为厂商 i 的产量，$Q=q_1+\cdots+q_n$ 为市场总产量。P 为市场价格，且已知 $P=P(Q)=a-Q$。假设厂商 i 生产 q_i 产量的总成本为 $C_i=C_i(q_i)=cq_i$，也就是说没有固定成本且各厂商的边际成本都相同，c 为常数（$c<a$）。假设各厂商同时选择产量，该模型的纳什均衡是什么？

10. 考虑两寡头古诺模型，$P(Q)=a-Q$，但两个厂商的边际成本不同，分别为 c_1 和 c_2。如果 $0<c_i<a/2$，纳什均衡产量各为多少？如果 $c_1<c_2<a_1$，但 $2c_2>a+c_1$，那么纳什均衡产量又各为多少？

11. 5 户牧民都可以在一个公共草地养羊。每只羊的收益 v 是羊总数 N 的函数，并取决于 N 是否超过某个临界值 $\overline{N}$：当 $N<\overline{N}$ 时，收益 $v=v(N)=50-N$；当 $N\geqslant\overline{N}$ 时，$v(N)\equiv 0$。再假设每只羊的成本为 $c=2$。若所有牧民同时决定养羊的数量，该博弈的纳什均衡是什么？

12. 两个寡头企业进行价格竞争博弈，企业 1 的利润函数是 $\pi_1=-(p-aq+c)^2+q$，企业 2 的利润函数是 $\pi_2=-(q-b)^2+p$，其中 p 是企业 1 的价格，q 是企业 2 的价格。

（1）求两个企业同时决策的纯策略纳什均衡。

（2）求企业 1 先决策的子博弈完美纳什均衡。

（3）求企业 2 先决策的子博弈完美纳什均衡。

（4）是否存在参数 a、b、c 的特定值或范围，使两个企业都希望自己先决策？

13. 考虑如下的双寡头市场战略投资模型：企业 1 和企业 2 目前情况下的单位生产成本是都是 $c=2$。企业 1 可以引进一项新技术使

单位成本降低到 $c=1$,该项技术需要投资 f。在企业 1 做出是否投资的决策(企业 2 可以观察到)后,两个企业同时选择产量。假设市场需求函数为 $p(q)=14-q$,其中 p 是市场价格,q 是两个企业的总产量。请问:上述投资额 f 处于什么水平时,企业 1 会选择引进新技术?

14. 在如图 12-3 所示的 A、B 博弈中,求解:

(1)纯策略和混合策略纳什均衡。

(2)如果 A 先行动,B 后行动,写出这个博弈的标准式和扩展式。

(3)第(2)问的纳什均衡和子博弈精炼纳什均衡。

		B 进	B 退
A	进	-3,-3	2,-1
	退	-1,2	0,0

图 12-3　A、B 博弈

15. 请用剔除严格劣策略的方法求解如图 12-4 所示的甲、乙博弈的均衡解。

		B L	B M	B R
甲	U	4,1	2,2	5,3
	M	2,3	1,3	4,1
	D	3,5	3,3	2,4

图 12-4　甲、乙博弈

16. A、B 两者博弈:A 可以选择“左”或“右”的行动;B 有“L”和“R”的行动。其收益如下:当 A 选左,B 选 L 时,A 的收益为 2,B 的收益为 4;当 A 选左,B 选 R 时,A 的收益为 1,B 的收益为 5;当 A 选右,B 选 L 时,A 的收益为 3,B 的收益为 1;当 A 选右,B 选 R 时,A 的收益为 0,B 的收益为 2。

(1)如果 A、B 同时行动,请画出该博弈的支付矩阵和博弈树,并求出该博弈的纳什均衡。

(2)如果 A 先行动、B 观测到 A 的行动后再行动,请画出该博弈的支付矩阵和博弈树,并求出该博弈的纳什均衡和子博弈精炼纳什均衡。

17. 考虑厂商和顾客的博弈,厂商可以提供高质量和低质量的产品,顾客可以选择购买还是不购买,支付矩阵如图 12-5 所示。请问:

		顾客	
		购买	不购买
厂商	高质量	2,2	0,0
	低质量	4,-1	0,0

图 12-5　支付矩阵

(1)如果博弈是一次性的,厂商会提供高质量的产品吗?

(2)如果该博弈重复 10 次,厂商会提供高质量的产品吗?重复 100 次呢?

(3)如果该博弈会一直重复下去,厂商在什么条件下会提供高质量的产品?

18. 用逆向归纳法求解图 12-6 的博弈的子博弈精炼纳什均衡。

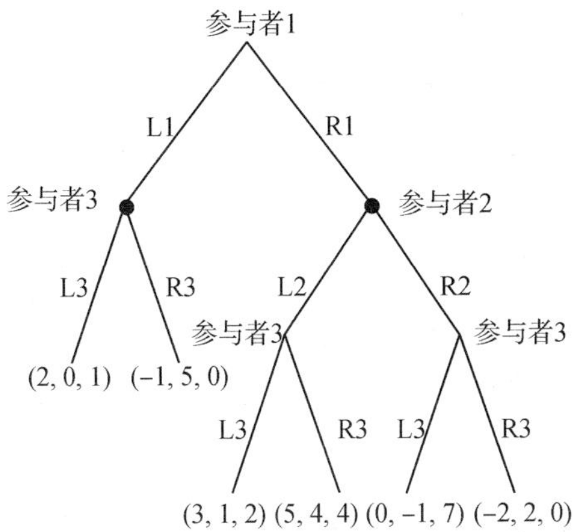

图 12-6　博弈树

五、扩展习题

1. 两个参与者之间的博弈的支付矩阵如表 12-2 所示，请找出所有的纳什均衡（包括混合策略纳什均衡）。

表 12-2　支付矩阵

		参与者 2		
		x	y	z
参与者 1	X	4,2	0,1	0,1
	Y	0,0	2,4	1,3

2. 基德兰德和普莱斯考特（Kydland & Prescott）在 1977 年提出一个模型。博弈的参与者是政府和私人部门。私人部门首先选择预期的通货膨胀率，政府观察到预期后选择实际的通货膨胀率。因此，这是一个完美信息动态博弈。假定政府的支付函数为 $u(\pi, y) = -c\pi^2-(y-k\bar{y})^2, c>0, k>1$，$\bar{y}$是自然失业率所对应的潜在总产出，$k>1$

表示政府希望实际产出高于潜在产出，也就是说实际失业率低于自然失业率。产出和通货膨胀之间的关系由附加预期的菲利普斯曲线决定，我们简化它为$y=\bar{y}+\beta(\pi-\pi^e)$，$\beta>0$，即未预期到的通货膨胀率可以提高实际产出，降低失业率。求政府无承诺下的子博弈精练纳什均衡结果并说明承诺的价值。

3. 列昂惕夫(Leontief)在1946年的一篇论文中考察了一个企业和垄断性的工会之间的关系。不考虑讨价还价，假设工会控制工资率，而企业控制雇佣的数量。用博弈论的术语来说，企业和工会之间的博弈的时间顺序如下：第一，工会确定工资率w；第二，企业观察到w并接受，然后选择雇佣数量l；第三，工会和企业实现各自的支付。请回答如下问题：

(1)假设企业总收益函数$R(l)$满足$R'>0, R''<0$。第一，请在坐标系(横轴为劳动数量，纵轴为总收益)内绘图说明面对给定的工资率，企业的最优选择。第二，请在坐标系(横轴为劳动数量，纵轴为工资率)内绘出企业的等利润线和反应曲线$l^*(w)$。

(2)假设工会的效用函数为$U(w,l)$，满足$U_w>0, U_l>0$，且满足上优集为凸集。第一，在坐标系(横轴为劳动数量，纵轴为工资率)内画出博弈的均衡结果。第二，画图说明上面的结果为什么是无效率的(提示：分析是否存在帕累托改善的机会)。

六、推荐阅读材料

1. NASH J F. Non-cooperative games[J]. Annals of Mathematics, 1951(54):289-295.

2. SELTEN R. Re-examination of the perfectness concept for equilibrium points in extensive games[J]. International Journal of Game Theory, 1975(4):25-55.

3. KREPS D M. Game theory and economic modelling[M]. Oxford: Oxford University Press, 1990.

4. 艾里克·拉斯缪森.博弈与信息——博弈论概论[M]. 韩松，等译.4 版.北京:中国人民大学出版社,2009.

5. 罗伯特·吉本斯.博弈论基础[M]. 高峰,译.北京:中国社会科学出版社,2013.

6. 张维迎.博弈论与信息经济学[M]. 上海:上海人民出版社,2004.

第十三章　外部性与公共品

一、学习目标

1. 当一个行为人的行为对没有参与市场的第三方产生了直接的影响时,外部性就产生了。外部性可以分为生产的外部性和消费的外部性,还可以分为正的外部性和负的外部性。

2. 当一个行为人的行为对没有参与市场的第三方的效用产生了直接影响时,消费的外部性就出现了;当一个行为人对没有参与市场的第三方的产量、收益、成本或利润产生了直接影响的时候,生产的外部性就出现了。

3. 当一个行为人的行为直接增加了没有参与市场的第三方的福利(效用、产量、收益或利润)时,正的外部性就产生了;反之,一个行为人的行为直接减少了没有参与市场的第三方的福利(效用、产量、收益或利润)时,负的外部性就产生了。

4. 外部性的实质是私人成本和社会成本的不一致,正是这种不一致导致了经济的无效率。当存在生产的负外部性时,从社会最优的水平看,企业生产了过多的产量;当存在生产的正外部性时,从社会最优的水平看,企业生产了过少的产量。

5. 传统的纠正外部性的方法有:适当(庇古式)的税收或补贴;让受影响的当事人合并。

6. 如果产权界定清晰,交易费用为零(或较低),那么受外部性影响的各当事人之间的私下讨价还价就会使私人成本和社会成本相一致,资源在这种情况下就能得到有效配置。这就是著名的科斯定理。进一步,如果当事人双方的偏好为拟线性偏好时,产权无论配置给当事人哪一方都不影响资源配置的结果。

7. 公共物品指的是非排他性和非竞争性的物品。公共物品会出现“搭便车”现象,使得私人市场对公共物品的配置趋于不足。

8. 公共物品的最优配置需要满足萨缪尔森规则,即边际替代率之和等于边际成本(或边际转换率)。

9. 公共资源是指非排他性和竞争性的物品。公共资源会出现“公地的悲剧”——公共资源会被过度使用和配置。

二、例题

1. 假定有两个具有相同偏好的人共居一室,他们的效用来自看电视的时间 x 与所吃的小吃数量(y)。特定的效用函数由下式给出:

$$u_i(x,y_i)=x^{\frac{1}{3}}y_i^{\frac{2}{3}} \quad (i=l,2)$$

又假定每个人要花 30 元,$p_x=10$ 元,$p_y=2$ 元,并且假定两人是一起看电视的(禁止单独收看电视)。这两个人该如何配置自己的收入,才符合萨缪尔森规则?

解:由已知的效用函数,可得

$$MRS_{X,Y}^i=\frac{\frac{\partial u_i}{\partial x}}{\frac{\partial u_i}{\partial y_i}}=\frac{1y_i}{2x} \quad (i=l,2)$$

这里 x 为公共品(看电视的时间),y_i 为私人品(个人 i 的小吃数量)。

显然,按萨缪尔森规则,应有

$$MRS_{X,Y}^1+MRS_{X,Y}^2=\frac{y_1}{2x}+\frac{y_2}{2x}=\frac{y_1+y_2}{2x}=MRT_{X,Y}$$

但 $MRT_{X,Y}$ 在此例中已由 X 与 Y 的价格明确地表示了出来，即

$$MRT_{X,Y}=-\frac{\mathrm{d}Y_i}{\mathrm{d}X}=\frac{p_x}{p_y}=\frac{10}{2}=5$$

因为两人的偏好相同，最优解是 $y_1=y_2=y$；又因为 X（看电视）是两人一起享受的，所以

$$MRS^1_{X,Y}+MRS^2_{X,Y}=\frac{2y}{2x}=\frac{y}{x}=5$$

即 $y_i^*=5x^*$

但由预算约束，可知

$p_x x^*+p_y y^*=30 \quad (i=l,2)$

$10x^*+2y_i^*=10x^*+10x^*=20x^*=30$

所以 $x^*=1.5$

从而 $y_i^*=7.5$

2. 假设两个新闻纸生产厂商都位于河边。上游厂商（Y）的生产函数为 $Y=2\ 000L_Y^{1/2}$。这里 L_Y 是每天雇佣的工人数量，而 Y 是以英尺[①]计算的新闻纸的产出。下游厂商（X）具有同样的生产函数，但其产出受厂商 Y 倾倒于河中的化学品的影响。其生产函数为：

$X=2\ 000L_X^{1/2}(Y-Y_0)^a \quad$（当 $Y>Y_0$ 时）

$X=2\ 000L_X^{1/2} \quad$（当 $Y\leqslant Y_0$ 时）

这里，Y_0 表示河流对污染物的自然承受能力。如果 $a=0$，Y 的生产过程对厂商 X 就没有影响；而如果 $a<0$，Y 超过 Y_0 的增加量就会导致 X 产出的下降。

假定新闻纸每英尺卖 1 美元，工人每天挣 50 美元。

（1）计算无外部性情况下上游和下游厂商的利润极大化时的产量和劳动雇佣量。

① 1 英尺 = 0.304 8 米，下同。

(2)如果 $a=-0.1$，$Y_0=38\ 000$，计算存在外部性时上游和下游厂商的利润极大化时的产量和劳动雇佣量。

(3)假定厂商 X 和厂商 Y 合并，管理者能够对全部劳动力进行配置，证明在上述情况下分散做出的利润最大化决策是无效率的。

解：(1)根据题意，在工资等于劳动的边际产值时，厂商 Y 就会实现利润的最大化，即

$$50=P\frac{\partial Y}{\partial L_Y}=1\ 000L_Y^{-1/2}$$

于是，可求出 $L_Y=400$。如果 $a=0$(没有外部性)，厂商 X 也将雇佣 400 名工人。每家厂商生产 40 000 英尺的新闻纸。

(2)如果 $a=-0.1$，并且 $Y_0=38\ 000$，则利润实现最大化的条件为

$$50=P\ \frac{\partial X}{\partial L_X}=1\ 000L_X^{-1/2}(Y-38\ 000)^{-0.1}=1\ 000L_X^{-1/2}(2\ 000)^{-0.1}$$

$=468L_X^{-1/2}$。

解这个关于 L_X 的方程，得出由于生产率降低了，厂商 X 现在只需要雇佣 87 个工人。而厂商 X 此时的产出计算如下：

$$X=2\ 000(87)^{1/2}(2\ 000)^{-0.1}=8\ 723$$

由于存在外部性($a=-0.1$)，新闻纸的产出就比没有外部性($a=0$)时低。河中化学品会损害厂商 X 的生产率这一事实源于外部性的性质，而并非源于经济的决策。

(3)假定厂商 X 和 Y 合并，管理者能够对全部劳动力进行配置，我们可以证明在上述情况下分散做出的利润最大化决策是无效率的。如果一个工人从厂商 Y 转到了厂商 X，则 Y 的产出变为

$$Y=2\ 000(399)^{1/2}=39\ 950$$

并且厂商 X 的产出变为

$$X=2\ 000(88)^{1/2}(1\ 950)^{-0.1}=8\ 796$$

这样在不改变劳动投入的情况下，总新闻纸产出增加了 23 英

尺。因为厂商 Y 并不考虑其雇佣决策对厂商 X 的影响,所以先前的配置是无效的。

3. 证明:在当事人为拟线性偏好的条件下,如果经济中出现了外部性,那么通过明晰产权的方法来解决外部性是能够实现社会最优的,而且该结果与所有权的初始配置无关。

证明:(1)考虑把“不存在负的外部性”这种权力赋予消费者 2,即消费者 2 拥有洁净环境的所有权。这样如果没有消费者 2 的许可,消费者 1 就不能开展会导致负的外部性的行动。可以设想,消费者 2 要求,若消费者 1 要开展会导致负的外部性的活动 h,则必须向消费者 2 支付总额为 T 的价值。假定这两位消费者的偏好都是拟线性的,他们各自的间接效用函数都是 $v^i(p,h,w^i)=\varphi^i(p,h)+w^i$。在 p 给定时,$\varphi^i(p,h)$ 就转化为 $\varphi^i(h)$,$i=1,2$。那么,对消费者 1 来说,当且仅当 $\varphi^1(h)-T\geqslant\varphi^1(0)$ 时,才会在同意支付 T 价值的同时开展 h 活动。从而,对于消费者 2 来说,需要选择两个变量:h 与 T,存在

$$\max_{h\geqslant 0,T}[\varphi^2(h)+T]$$

$$\text{s.t.}\varphi^1(h)-T\geqslant\varphi^1(0)$$

将约束条件写成等式,可以得到 $T=\varphi^1(h)-\varphi^1(0)$,代入上式函数,就有

$$\max_{h\geqslant 0}\varphi^2(h)+\varphi^1(h)-\varphi^1(0)$$

由一阶条件,可得

$$\frac{\partial\varphi^2(h)}{\partial h}=-\frac{\partial\varphi^1(h)}{\partial h}$$

这说明,用清晰产权的办法给予消费者 2“洁净环境”的所有权,社会是可以达到 h 等于最优的 h^0 这一状态的。这是科斯讨论的第一个重要结论:以明晰产权的办法来解决外在性问题,是能够达到社会最佳的目标的。

(2)科斯讨论的第二个结论是为了达到 h 等于 h^0 这一目标,产

权在消费者 1 与消费者 2 之间如何配置是无关紧要的。这个结论大大出乎人们的意料。然而，在两个消费者的偏好（效用函数）都为拟线性的条件下，可以证明科斯的第二个结论也是成立的。

假定社会将所有权给予了消费者 1，即消费者 1 拥有了污染环境的权力。在这种条件下，消费者 1 就会使 h 达到竞争性的均衡水平 h^*，而不是 h^0。为了使 h 低于 h^*，消费者 2 必须向消费者 1 支付 T，因为产权现在在消费者 1 手里。因为我们考虑的是消费者 2 的目标函数，所以 $T<0$，即支付的 T 先从消费者 2 的手里流出再进入消费者 1 的手里。这样消费者 2 的目标函数是 $\max\limits_{h\geqslant 0,T}[\varphi^2(h)+T]$，但其面临的约束是 $\varphi^1(h)-T\geqslant\varphi^1(h^*)$（请注意 T 是负的），即让消费者 1 在获得 T 之后采取 h 的净效用不低于本来采取 h^* 的净效用。现在，数学规划为

$$\max_{h\geqslant 0,T}[\varphi^2(h)+T]$$

$$\text{s.t.}\ \varphi^1(h)-T\geqslant\varphi^1(h^*)$$

将上式中的约束条件写成等式，再代入目标函数，就有

$$\max_{h\geqslant 0}[\varphi^2(h)+\varphi^1(h)-\varphi^1(h^*)]$$

结果与第（1）问完全一样，因为 $\varphi^1(0)$ 与 $\varphi^1(h^*)$ 都只是常数项。不难看出，该规划的最优解是 $h=h^0$。

因此，无论是将所有权给予消费者 2，还是将所有权给予消费者 1，在产权明晰的条件下，h 都会等于 h^0。不同的是，在第一种场合，为了实现 $h=h^0$，要求消费者 1 向消费者 2 支付 $\varphi^1(h^0)-\varphi^1(0)>0$ 的款项；而在第二种场合，为了使 $h^0<h^*$，则要求消费者 2 向消费者 1 支付 $\varphi^1(h^0)-\varphi^1(h^*)$ 的款项。

由此，我们得到了科斯定理。

4. 处于不同地点的四家厂商向一条河中倾倒不同数量的废水。废水对住在下游房屋主人的游泳质量产生不利影响。这些人可以建

设游泳池来避免在河中游泳，而厂商可以购买过滤设备，消除向河中倾倒含有害化学成分的废水。作为一个地区计划组织的政策顾问，你将如何比较和对照下列消除废水有害影响的选择：

（1）对位于河边的厂商收同样费率的废水费。

（2）对每家厂商可以倾倒的废水水平规定同样的标准。

（3）实行可转让废水许可证制度，确定废水的总水平并给所有厂商一样的许可证。

解：我们需要知道房屋主人在河中游泳的价值以及减污的边际成本。政策工具的选择将取决于减污的边际收益和边际成本。如果对厂商收取相同费率的排污费，那么厂商将会降低排污，直到减污的边际成本等于排污费那一点。如果这一排污的减少还不足以使人在河中游泳，那么排污费还可以提高。

只有在决策者对减污的边际收益和边际成本具有完全的信息时，确定排污标准才会是有效率的。在新的过滤技术出现后，排污标准不会鼓励厂商进一步降低排放废水。可转让废水许可证制度仍要求决策者确定有效的废水标准。一旦许可证分发以后，市场就会产生，具有较高减污成本的厂商将会从减污成本较低的厂商那里购买许可证。然而，除非一开始许可证就是出售的，否则政府将不会有收入。

5. 一个养蜂人住在一个苹果园旁边。果园主人由于蜜蜂而受益，因为每箱蜜蜂大约能为一英亩[①]果树授粉。然而，果园主人并不为这一服务付任何报酬，因为蜜蜂并不需要他做任何事就会到果园来。蜜蜂并不足以使全部果园都被授粉，因此果园主人必须以每英亩果树 10 美元的成本，雇佣人工来完成授粉。

养蜂人的边际成本为 $MC=10+2Q$。式中，Q 是蜂箱数目。每箱

① 1 英亩≈4 046.86 平方米。

产生价值 20 美元的蜜蜂。

(1)养蜂人将会有多少蜂箱?

(2)这是不是经济上有效率的蜂箱数目?

(3)什么样的变动可以导致更有效率的运作?

解:(1)利润在边际收入等于边际成本时最大。不变的边际收入为 20 美元。边际成本为 $10+2Q$ 时,$Q=5$。

(2)如果蜜蜂不来,果园主人必须支付每英亩 10 美元来进行人工授粉。由于果园主人愿意为每一额外蜂箱的蜜蜂向养蜂人支付最高 10 美元,因此每一箱的边际社会收益就是 30 美元,大于 20 美元的边际私人受益。这使边际社会收益与边际成本相等,$Q=10$。

(3)实现更有效运作的最激进的变动就是让果园的业务与养蜂的业务合并。这一合并将使蜜蜂授粉外在正效应内部化。若没有合并,果园主人和养蜂人应该为授粉服务签订一项合同。

三、思考题

1. 一般来说,对污染的管理有三个目标:把污染降低到有效率的水平,降低污染的成本最小,促进控制污染的技术进步。如果考虑这三个目标,你支持企业间交换污染许可证吗?为什么?

2. 我们从福利经济学第二定理可知:用禀赋分配实现某种公平目标,用市场机制来实现效率。联系本章的分析,你支持一个城市在全部城市居民中采取抽签的方式来配置出租车的运营执照吗?

3. 如果交易费用为零,那么初始产权界定不影响效率。思考下面的例子并分析其中的原因。如果一种新产品被引入市场,那么旧产品的生产者会遭受损失。有两种不同的初始产权安排:第一,新产品可以自由进入不需要对旧产品的生产者提供补偿;第二,旧产品的生产者有权限制消费者购买新产品,除非得到其同意。不同的产权安排对生产有影响吗?

4. 为什么在十字路口不设红绿灯的时候往往发生交通拥挤？为什么等红灯的汽车无法通过交易的方式获得优先通过的权利呢？

5. 产权的明确界定解决了外部效应问题吗？

6. 拟线性偏好避免了划分产权的分配后果吗？

7. 假设政府要控制公地的使用，哪些办法可以实现有效率的使用水平？

8. 什么是物品的排他性？什么是物品的竞争性？

9. 公共物品和公共资源的特征与区别是什么？

10. 请说出 2~3 个现实经济中的公共物品和公共资源的例子。

11. 什么是“搭便车”？什么是“公地的悲剧”？

12. 什么是萨缪尔森规则？在现实中能运用萨缪尔森规则来实现公共物品的有效配置吗？

13. “不要指责渔民过度捕捞。当他们这样做时，他们是理性地行事的。”从什么意义上说，“过度捕捞”对渔民来说是理性的？

14. 为什么很多经济学家认为由私人企业从事基础科学的研究很难达到有效率的数量？政府在其中可以起到什么作用？

四、习题

1. 一个公共牧场有两个使用者，放牧的牛的数量分别为 x_A 和 x_B，牛的单位价值（或价格）为 $V(x_A, x_B) = 200-(x_A+x_B)^2$，求纳什均衡，并解释“公地的悲剧”的含义（假设养牛的成本为 0）。

2. 一个完全竞争行业中的一家厂商首创了一种制作小机械的新工艺。新工艺使厂商的平均成本曲线下移，这意味着这家厂商自己能长期获得真正的经济利润。

（1）如果每件小机械的市场价格是 20 美元，厂商的边际成本曲线为 $MC=0.4q$，其中 q 是厂商每日的小机械产量，那么厂商将生产多少小机械？

(2)假定政府的研究发现厂商的新生产过程污染空气,并且估计厂商生产小机械的社会边际成本是 $SMC=0.5q$。如果市场价格仍为20美元,那么厂商在社会上的最优生产水平是什么?为了实现这种最优生产水平,政府应征收多大比率的税收?

(3)用图形表示计算结果。

3. 若市场上只有 A 和 B 两个消费者,他们对公共品 Y 的需求函数以及 Y 的供给函数如下:

$Q_{dA}=8-2p_Y$

$Q_{dB}=12-p_Y$

$Q_{sY}=p_Y$

(1)A 和 B 两个消费者各消费多少 Y?

(2)Y 的市场价格是多少?

(3)若 Y 是私人物品,其价格和消费量有何不同?

4. 假设乌托邦的石油工业是完全竞争的,所有企业都在一个油田上开采石油。假定每个竞争者都认为他能以稳定的市场价格——每桶 10 美元出售其生产的全部石油,而每年维持一口油井的经费是1 000美元。油田每年的总产出(Q)是油田中工作的油井数(N)的函数。有 $Q=500N-N^2$,并且每口油井的产油数(q)由下式得出:

$$q=\frac{Q}{N}=500-N$$

(1)描述在这种完全竞争情况下的均衡产出和均衡油井数。在行业中,私人边际成本和社会边际成本是否存在差异?

(2)假定现在政府对油田实行国有化,应运作多少口油井?总产出将是多少?每口井的产出将是多少?

(3)作为国有化之外的一种选择,乌托邦政府正在考虑采用对每口井征收年执照费的办法来抑制过度开采。如果要促使这个行业开采最佳数量的油井,那么这种执照费应为多少?

5. 在一个社区内有三个集团，它们对公共电视节目小时数 T 的需求曲线分别如下：

$W_1 = 150 - T$

$W_2 = 200 - 2T$

$W_3 = 250 - T$

假定公共电视是一种纯粹的公共物品，它能以每小时 200 美元的不变边际成本生产出来。

(1)公共电视有效率的小时数是多少？

(2)一个竞争性的私人市场会提供多少公共电视？

6. A 厂商生产 X 产品，B 厂商生产 Y 产品，其成本函数为 $C_A = 2X^2$，$C_B = Y^2 + 2XY$，显然，A 厂商对 B 厂商造成了负外部性，假设 X 产品和 Y 产品的价格分别为 80 和 60。

(1)假定厂商不对外部性问题进行交涉，两个厂商的产量各为多少？

(2)如果厂商对外部性问题进行交涉，交易成本为零，两个厂商的产量又各为多少？

(3)如果政府对 A 厂商征收每个单位 T 的税收，T 为多少可以使经济达到有效率的结果？

7. 假定社会上只有两个人。对甲，蚊虫控制的需求曲线为：

$q_a = 100 - P$

对乙，蚊虫控制的需求曲线为：

$q_b = 200 - P$

(1)假定蚊虫控制是纯公共品，即一旦生产出来，每个人都会从中受益。如果它能以每个单位 120 美元的不变边际成本得以生产，那么其最优水平如何？

(2)若蚊虫控制由私人市场来生产，又会提供多少？你的答案是否取决于每个人都假定其他人会进行蚊虫控制？

(3)如果政府要将蚊虫规模控制在恰当的范围内,那么将花费多少? 如果个人会按其从蚊虫控制中所得的好处的比例去分担费用的话,那么税收将怎样在两个人之间进行分配?

8. 改革开放以来,各地区的工业发展对我国经济的持续高速发展做出了很大贡献,然而也造成了日益加重的环境污染。试根据经济学原理讨论下列问题:

(1)为什么环境污染通常难以由污染者自行解决,而需要政府加以管理?

(2)解决环境污染的常用方法包括关闭工厂,制定排污标准并对超标者罚款,按照污染物排放量收费。试从经济学角度分析比较这三种方法。

9. 假定一个生产一种公共品(P)和一种私人商品(G)的经济的生产可能性边界由下式决定:

$$G^2+100P^2=5\ 000$$

该市场由100个完全相同的个人组成,每个人有如下形式的效用函数:

$$效用=\sqrt{G_iP}$$

这里,G_i 是个人在私人商品生产中的份额($G_i=G/100$)。请注意,公共品是非排他的,并且每个人都从其生产水平中受益。

(1)如果 G 和 P 的市场是完全竞争的,将会生产出多少商品? 在此情形下典型的个人效用会是怎么样的?

(2)G 和 P 的最优生产水平如何? 典型的个人效用水平如何? 如何对商品的消费进行征税以得到这一结果(提示:本题中数字甚至并不显现,进行一些估计也就够了)?

五、扩展习题

1. 乔治海滩是新英格兰海岸外鱼的高产地区,以鱼的总数不同可分为两个区域。1 区每平方英里[1]鱼的总数较高,但它对捕鱼努力来说是报酬严重递减的。1 区每天的捕捞量(以吨计算)如下:

$$F_1 = 200(X_1) - 2(X_1)^2$$

式中,X_1 是在那里捕鱼的船只数目。

2 区每平方英里的鱼少些,但鱼却大些,并且报酬也不成问题。2 区每天的捕捞量如下:

$$F_2 = 100(X_2) - (X_2)^2$$

式中,X_2 是在 2 区的捕鱼的船只数量。

各区的边际捕捞量由下式给出:

$$MFC_1 = 200 - 4(X_1)$$

$$MFC_2 = 100 - 2(X_2)$$

现在有 100 条船得到美国政府许可在这两个区域捕鱼。鱼以每吨 100 美元出售。每条船的总成本(资本和运作)为每天不变的 1 000美元。就这一情况回答下列问题:

(1)如果船都能在其想去的地方捕鱼,政府不加限制,每个区域将有多少条船捕鱼?捕捞的总值将是多少?

(2)如果美国政府能够限制船只,每个区域应当配置多少条船?捕捞的总值将是多少(假定船的总数仍为 100 条)?

(3)如果另有渔民想购买船只,加入捕鱼队伍,那么一个希望捕鱼净值最大化的政府是否应当给他们许可证让他们捕鱼?为什么?

2. 最近的社会倾向表示出人们对在公共场合吸烟越来越不能忍受。许多人指出了吸"二手烟"对健康的负效应。如果你是个吸烟者,并且你希望继续吸烟,且不管越来越严厉的反吸烟法规。描述下列立法建议对你行为的影响。从以下这些计划的结果看,你作为一个吸烟者是否受益?社会作为一个整体是否受益?

---

① 1 英里 = 1 609. 344 米,下同。

（1）一项提议法案要求降低所有香烟中的焦油和尼古丁含量。

（2）对出售的每包香烟征税。

（3）要求吸烟者在所有时候都携带吸烟许可证。这些许可证由政府出售。

六、推荐阅读材料

1. COASE R. The problem of social cost[J]. Journal of Law and Economics,1960(1):1-44.

2. PIGOU A C. The economics of welfare [M]. London: Macmillan,1932.

3. SAMUELSON P A. The pure theory of public expenditure[J]. Review of Economics and Statistics,1954(36):387-389.

4. HARDIN G. The tragedy of the common[J]. Science,1968,162(3859):1243-1248.

5. 平新乔. 微观经济学十八讲[M]. 北京:北京大学出版社,2001.

第十四章　不对称信息

一、学习目标

1. 在现实中，我们看见大量因信息不对称而影响市场有效运行的例子。本章我们就分析信息不对称问题。这一章共分四节，主要介绍信息不对称引起的因隐藏信息造成的逆向选择和因隐藏行动造成的道德风险模型。第一节介绍了次品市场的逆向选择模型，第二节介绍了文凭的信号模型，第三节介绍了保险市场存在的逆向选择和道德风险问题，第四节介绍了委托代理模型。

2. 次品市场的一个典型例子是二手车市场。我们在《中级微观经济学》教材的第一节的模型分析中仔细探讨了在该市场发生的逆向选择问题，这个解释集中于1970年阿克尔洛夫(Akerlof)的一些见解。在这一节中，我们通过适当的数理推导来说明逆向选择发生的过程，研究在此过程中买卖双方分别会选择什么样的决策，最后就本节的分析做一些扩展说明。

3. 逆向选择不仅会出现在商品市场上，也会出现在劳动力市场上。在《中级微观经济学》教材第二节中我们根据斯宾塞于1974年建立的文凭信号模型来分析说明劳动者的受教育程度在劳动就业市场上所起的作用，即文凭可以作为区分劳动力市场上不同能力劳动者的信号，并且是有效可信的。

4. 现代企业制度是建立在所有者与管理者相对分离的基础上的。所有者往往不能直接观察到管理者采取了哪些个人行动，且由于企业所有者和管理者追求的目标并不一致，管理者的行动可能会偏离所有者追求的利润最大化目标。这种偏离行动正是由于信息不对称使所有者不能完全观察管理者的行动而造成的道德风险。《中级微观经济学》教材第三节用一个分析道德风险问题的标准模型——委托代理模型，来研究广泛存在于现代企业内部的企业所有者和管理者之间的委托代理关系。

5. 保险市场是一个典型的信息不对称市场，既存在隐藏信息的逆向选择又存在隐藏行动的道德风险。在《中级微观经济学》教材第四节中我们通过建立模型分别就保险市场的逆向选择和道德风险问题做出分析，考察保险公司怎样设计保险合约才能实现不同风险类型投保人的分离均衡。

二、例题

1.如何解决信息不对称导致的市场失灵？

答：信息不对称限制了市场的作用，导致了资源配置不当，减弱了市场运行的效率。由于市场价格机制不能有效地解决不对称信息引起的问题，从而引起了市场失灵，因此我们通常引入其他的机制来解决信息不对称引起的问题。

（1）逆向选择。逆向选择指的是因隐藏信息导致的质量差的商品总是将质量好的商品驱逐出市场的问题。逆向选择的存在导致了市场资源配置的低效率。一般商品市场上卖者关于产品的质量、保险市场上投保人关于自身情况等私人信息的存在都可能产生逆向选择问题。解决逆向选择问题的主要方法有信号发送或信号甄别。

（2）道德风险。道德风险是指在信息不对称的情况下，由于拥有信息的一方隐藏行动而导致的问题。道德风险的存在不仅使得处于信息劣势的一方受到损失，而且会破坏原有的市场均衡，导致资源配置的低效率。解决道德风险的主要方法是设计激励与风险分担机制。

2.一种产品有两类生产厂家。优质产品生产者生产的产品每件值 14 美元。劣质产品生产者生产的产品每件值 8 美元。顾客只有在购买产品后才能分辨产品的质量优劣。消费者买到优质产品的概率为 p,则买到劣质产品的概率为 $1-p$。这样产品对于消费者的价值就是 $14p+8(1-p)$。两类生产者的单位产品成本均为 11.5 美元,所有生产者都是竞争性的。

(1)假定市场上只有优质产品生产者,均衡价格应是多少?

(2)假定市场上只有劣质产品生产者,均衡价格将是多少?

(3)假定市场上存在同样多的两类生产者,均衡价格将是多少?

(4)如果每个生产者能自主选择生产优质产品或劣质产品,前者的单位成本为 11.5 美元,后者的单位成本为 11 美元,那么市场价格应是多少?

解:(1)若市场中只有优质产品生产者,那么生产者之间的竞争会使价格降至生产成本,即此时的均衡价格为 $p=11.5$ 美元。

(2)若市场中只有劣质产品生产者,消费者只愿意为每件产品支付 8 美元,低于每件产品的成本 11.5 美元,则厂家一件也卖不出去,因此不存在均衡价格。

(3)在这种情况下,竞争会把价格定在 11.5 美元,而对消费者来说,可获得的平均质量的产品至少要值 11.5 美元,即必须满足 $14p+8(1-p)\geqslant 11.5$,满足此不等式的 $p\geqslant\frac{7}{12}$。而市场中存在同样多优质产品时的 $p=0.5$,于是有 $14\times0.5+8\times(1-0.5)=11$。因为 $11<11.5$,所以消费者不会购买,不存在均衡价格。

(4)由于市场是完全竞争的,每个生产者都会认为自己不会左右市场的价格,都会按统一的市场价格出售产品,因此为了增加盈利,生产者都想选择成本为 11 美元的劣质产品进行生产。当市场上只有劣质商品时，消费者只愿意为其支付 8 美元，因而不可能有任何成交量，优质品和劣质品的生产都等于零，即信息不对称降低了市场的效率。

3. 一家厂商的短期收益为 $R=10e-e^2x$。其中，e 表示工人的努力水平，工人选择能够使 $w-e$ 最大化的努力水平，其中努力的边际成本假定为 1。根据下面的各种工资安排确定努力水平和利润水平（假定利润等于收入减去支付的工资）。解释为什么不同的委托代理关系会产生不同的结果。

（1）若 $e\geqslant 1$ 则 $w=2$；否则，$w=0$。

（2）$w=\dfrac{R}{2}$

（3）$w=R-12.5$

解：（1）计算工人的净工资。

$$w-c=\begin{cases}2-e & (e\geqslant 1)\\ -e & (e<1)\end{cases}$$

可以看出，当 $e^*=1$ 时，工人的净工资最大。此时雇主的利润如下：

$$\pi^*=R-w=10e-e^2x-2=8-x$$

（2）工人的净收入最大化问题如下：

$$\max(w-e)=\max\left(5e-\frac{1}{2}e^2x-e\right)$$

解得

$$e^*=\frac{4}{x}$$

此时，雇主的利润如下：

$$\pi^*=R-\frac{1}{2}R=\frac{1}{2}R=\frac{1}{2}\left[10\times\frac{4}{x}-\left(\frac{4}{x}\right)^2x\right]=\frac{12}{x}$$

(3)工人的净收入最大化问题如下：

$$\max(w-e)=\max(10e-e^2x-12.5-e)$$

解得

$$e^*=\frac{4.5}{x}$$

此时，雇主的利润如下：

$$\pi^*=R-(R-12.5)=12.5$$

(4)这些不同的委托代理关系之所以会产生不同的结果，是因为委托人和代理人都是追求自身利益最大化的，但两者的利益最大化目标往往是不同的，因此委托人要制定激励机制来解决这个问题。以上工资制度反映了委托人的努力，不同的结果也说明了各种制度在激发代理人的努力程度时所起的作用是不同的。第一，中性的激励机制是建立在“工人是风险规避的”这一假设基础上的，此时雇主承担了所有的风险；第二，中性的激励机制是建立在“工人是风险中性的”这一假设基础上的，此时雇主和工人共同承担风险；第三，中性的激励机制是建立在“雇主是风险规避的”这一假设基础上的，此时雇主只得到固定的收益，而由工人承担全部的风险。

4.假定二手车市场上的质量服从[0,2]上的均匀分布，且卖主和买主一样不清楚二手车的质量。如果卖主和买主的效用函数分别为 $u_1=M+qn$ 和 $u_2=M+\frac{3}{2}qn$，预算约束分别为 $y_1=M+pn$ 和 $y_2=M+pn$，请证明市场均衡时有 $p>0,q>0$，并不存在逆向选择。

证明：在双方都不知道二手车的质量情况下，买主的效用函数如下：

$$E(u_2)=y_2+\left[\frac{3}{2}E(q)-p\right]n$$

要使得买主买车，必须有 $\frac{3}{2}E(q)\geqslant p$，即 $n=1$。

卖主的效用函数如下：

$E(u_1)=y_1+[E(q)-p]n$

要使得卖主卖车，必须有 $E(q)\leqslant p$。

所以有：

$$E(q)\leqslant p\leqslant \frac{3}{2}E(q)$$

因此均衡时，每辆车的市场价格介于区间 $\left[E(q),\frac{3}{2}E(q)\right]$，并且市场上所有的车都会被出售。

5.一个消费者的初始收入为 I，如果发生事故，损失为 L；不发生事故，损失为 0。设发生事故的概率为 θ，不发生事故的概率为 $1-\theta$。假设消费者是风险厌恶的，保险公司是风险中立的，保费为 p，发生事故时的赔偿额为 s。

(1)求投保人的 $E(U)$ 和保险公司的期望利润。

(2)如果保险公司要选择 s 与 p 来确保 $\max\limits_{s,p}(p-s\theta)$，那么投保人应该满足什么样的约束条件？

(3)解由(2)列出的数学式，证明最优赔偿金 s 应满足：$s=L$。

解：(1)假设投保人的效用函数为 $v(x)$，这个效用函数呈凹性，因为消费者是风险规避的，即 $v'(x)>0$，$v''(x)<0$，则消费者的期望效用如下：

$E(U)=\theta v(I-p-L+s)+(1-\theta)v(I-p)$

保险公司的期望利润如下：

$E(\pi)=\theta(p-s)+(1-\theta)p-p-\theta s$

(2)如果保险公司的目标是追求利润最大化，那么它的保险计划至少要使投保人的境况和不投保时一样好，即：

$E[U(p,s)]\geqslant E[U(0,0)]$

也即：

$$\theta v(I-p-L+s)+(1-\theta)v(I-p)\geqslant\theta v(I-L)+(1-\theta)v(I)$$

整理得：

$$\theta[v(I-p-L+s)-v(I-L)]+(1-\theta)[v(I-p)-v(I)]\geqslant 0$$

(3)保险公司的利润最大化问题如下：

$$\max_{s,p}(p-s\theta)$$

$$\text{s.t.}\ \theta[v(I-p-L+s)-v(I-L)]+(1-\theta)[v(I-p)-v(I)]\geqslant 0$$

构造拉格朗日函数：

$$L=p-s\theta-\lambda\{(1-\theta)[v(I)-v(I-p)]+\theta[v(I-L)-v(I-L-p+s)]\}$$

一阶条件如下：

$$\frac{\partial L}{\partial p}=1-\lambda(1-\theta)v'(I-p)-\lambda\theta v'(I-L-p+s)=0 \tag{1}$$

$$\frac{\partial L}{\partial s}=-\theta+\lambda\theta v'(I-L-p+s)=0 \tag{2}$$

由(2)式得：

$$1=\lambda v'(I-L-p+s) \tag{3}$$

把(3)代入(1)，得：

$$1=\lambda v'(I-p)$$

综上就有：

$$v'(I-L-p+s)=v'(I-p)$$

又因为 $v''(x)<0$，说明 $v'(x)$ 严格递减，所以有 $I-L-p+s=I-p$，即 $s=L$。

三、思考题

1. 目前，我国的商品房交易中普遍存在着商品房质量的信息不对称现象，即房地产开发商对商品房质量的了解程度远比购房的居民好。

(1)假定买卖双方对商品房质量都有充分的了解,试绘图说明高质量房和低质量房的市场供求状况。

(2)在信息不对称条件下,试绘图分析高质量房和低质量房的市场供求变动情况。

(3)根据经济学原理,简要讨论如何解决我国商品房交易中由于信息不对称造成的问题。

2.某些专家论证说,某市居民大量丢失自行车,原因是自行车盗窃者把盗窃来的自行车转手在旧车交易市场上卖掉,因此建议取缔某市所有的旧车交易市场。请给出一个支持该观点的论据,给出一个反对该观点的论据。

3.即使不存在逆向选择问题,财产保险公司通常也不开办旨在为投保人提供全额赔偿的保险,请分析原因。

4.举一个柠檬市场的例子,并说明买方和卖方的不对称信息如何导致市场失灵。

5.一些美国汽车公司为买主提供全面的保障。

(1)运用你对柠檬市场的了解,请解释为什么这项政策是合理的。

(2)这一政策是否会产生道德风险?

四、习题

1. 解释为什么很多保险都有免赔比例。

2. 假设二手车市场上有 100 个人想出售他们的二手车,还有 100 个人想要买二手车,其中 50%是高质量的,50%是低质量的。高质量二手车的所有者希望能够卖 2 000 美元,低质量的二手车所有者希望能够卖 1 000 美元。旧车的购买者愿意对高质量的二手车支付 2 400美元,对低质量的二手车支付 1 200 美元。那么,达到市场均衡时由交易产生的最大消费者剩余是多少?

3. 假设有两类工人:能干的工人和不能干的工人。工人的工资由他的能力决定——能干的工人赚 50 000 元,不能干的工人赚30 000元。厂商不能衡量工人的能力,但是可以了解工人是否有高中文凭。工人的效用由他们的工资与为获得文凭所支付的费用的差异决定。

(1)如果能干的工人与不能干的工人在获取高中文凭上的花费是一样的,那么在此情况下,是否可以存在一种能干的工人拿高工资,不能干的工人拿低工资的分离均衡呢?

(2)能干的工人为了获得高中文凭所愿意支付的最大数量是多少?如果有一种文凭可以让雇主去识别能干的工人,那么为什么对于不能干的工人来说,这种文凭一定要使其花费更多?

4. 用逆向选择说明强制保险的原因。

5. 有这样一个二手车市场,那里有 100 个人想要出售他们用过的汽车,还有 100 个人想要购买二手车。他们每个人都知道这些汽车中有 50 辆是俏货,另有 50 辆是次品。每辆车的卖主都知道车的质量,而买者不了解某辆车是俏货还是次品。次品的所有者希望他的汽车卖1 000美元,俏货的所有者希望他的汽车卖 2 000 美元,汽车购买者愿意为俏货支付 2 400 美元,而对次品只愿支付 1 200 美元。

(1)由市场均衡时的交易产生的最大消费者剩余是多少?

(2)通过把购买者随机地分配给出卖者而产生的小额消费者剩余是多少?哪种方法可以产生较大的剩余?

6. 代理人对委托人的贡献为 $y=ka+\varepsilon$, a 是代理人的努力程度, $\varepsilon\sim N(0,\sigma^2)$,代理人的努力成本函数为 $C(a)=ma^2(m>0)$。

(1)求当代理人的努力可观察时的最优契约。

(2)当努力不可观察时,委托人签订了一个线性契约 $w=s+by$,求风险中性的代理人的反应函数。

(3)如果代理人想要规避风险,且考察效用函数为$u(x) = -e^{-rx}$,求最优的激励系数。

7. 假设在市场上存在着两类工人,以他们的生产率来区分。k^G 型工人的生产率为 $k=2$,而 k^B 型工人的生产率为 $k=1$。要达到给定的教育水平,花在 k^B 型工人身上的成本要大于花在 k^G 型工人身上的成本。特别地,对于 k 型工人,每 e 个单位的教育成本为 $c(e;k)=e/k$。一个 k 型工人的效用函数为 $U(we;k)=w-c(e;k)$。

(1)工人的教育水平影响他的生产率吗?如果公司和工人具有关于 K 值的相同信息,那么什么是最优的教育水平?

现在假设工人的生产率不能被厂商观察到,但他的教育水平能被厂商观察到。进一步假设,厂商相信大于或等于某一特定水平 e^O 的教育水平是高生产率的信号,而低于这一教育水平的则是低生产率的信号。因此,厂商提供工资的根据是:若 $e \geqslant e^O$,则 $w(e)=2$;若 $e<e^O$,则 $w(e)=1$。

(2)给定这些工资,计算每一类代理人会选择的教育水平。

(3)找出有关 e^O 的必要条件,使得教育是一个有效传递生产率的信号。

(4)证明由(3)得出的 e^O 值与厂商在均衡处的信念是一致的。

8. 考察一个物品的生产者和销售它的零售商之间的关系。生产者有不变的边际成本 c。需求为 $q=D-p$,其中 q 是销售的数量,p 是价格,D 是需求量,可以取两个值,$D \in \{D^G, D^B\}$,有 $D^G > D^B$。记 $T(q)=a \neq bq$ 为生产者提供给零售商的特许合约。

(1)给定合约 $T(q)$,计算出最优的产出决策 q、价格以及零售商的利润 Π。

(2)如果生产者和零售商都知道需求的状况,那么生产者提供的最优的特许合约是什么?

(3)有时生产者比零售商知道更多真实需求条件的信息。例如，假设生产者知道需求参数 $D, D\in\{D^G, D^B\}$，而销售者只有在合约签订后才会知道这一参数(尽管是在产出决策做出之前)。请证明在这个事例中，不管是真还是假，生产者都有激励去表明需求是好的。

(4)当需求较好时，哪一类生产者的行为可以“说服”(传递信号给)零售商相信这一事实？

(5)让我们在这一框架中去寻找一个分离均衡 $\{(a^G, b^G), (a^B, b^B)\}$。写出每一类生产者愿意提供与他的类型相一致的合约的激励相容约束。总结这些约束，表明哪一类生产者会要求更高的可变支付 b，而哪一类会要求更高的固定支付 a。

(6)请论证(或分析证明)为什么在一个分离均衡中一定有 $(a^B, b^B)=(a^{B*}, b^{B*})$。

9. (1)一个卖方和一个买方进入了一个买卖物品的关系，物品可能会破碎也可能不碎。如果物品不碎，对于买方，它的货币价值为 b_1；如果物品碎了，它对买方而言就只值 b_2。物品破碎的概率取决于它的质量。如果物品的质量是好的，破碎的概率为 q^G；而如果物品的质量是差的，破碎的概率为 $q^B(q^B>q^G)$。假设卖方是风险中性的而买方是风险规避的。卖方推出的合约包含物品卖出的价值 p 和保证金 g。保证金是在物品破碎时卖方必须向买方支付的数量。如果物品不碎，买方的效用为 $u(b_1-p)$，而如果物品破碎，买方的效用为 $u(b_2-p+g)$，其中 $u'>0, u''<0$。只要买方的预期效用大于或等于 $u(0)$，买方就会购买。

①如果关于质量的信息是对称的，请计算这种情况下每种质量的最优合约。

②计算如果卖方知道质量而买方不知道时的最优合约。该合约能传递质量的信号吗？请解释为什么能或为什么不能。

(2)在与(1)相同的框架下，但是现在买方是风险中性的，效用函数为 $u(x)=x$，而卖方是风险规避的，具有冯·诺依曼-摩根斯坦效用函数 $B(\cdot)$，有 $B''<0$。

①计算信息对称时有关质量的最优合约。

②当只有卖方知道物品的质量时,对称信息合约还适用吗?请解释为什么适用或为什么不适用。

③提供一个对卖方传递其所卖物品有低破损概率的信号。提供保证金有用吗?

④当卖方提供一份保证金时,他需要提供物品的价值足以抵消一旦物品破碎可能发生的赔偿。分析证明,对于低质量的物品,保证金的增加所需的增加的价值(以使卖方的效用保持不变)要大于高质量的物品。给定这一前提,考察分离均衡的存在并描述它的特征。

10. 一个委托人与一个代理人要完成某一特定任务并签订合约。代理人通过选择努力来决定结果的分布。该结果在区间 $X=[\underline{x},\bar{x}]$ 之中,其中 $\underline{x}$ 是最差的结果, $\bar{x}$ 是最好的结果。代理人努力水平的密度函数为 $f(x,e)$。假设所有 $x\in X$,对于所有 e, $f(x,e)>0$。

(1)当委托人的目标函数为 $B[x-\omega(x)]$,而代理人的目标函数为 $U(\omega,e)=u(\omega)-\upsilon(e)$ 时,计算最优的工资函数。

(2)如果委托人是风险中性的,计算最优的工资函数。

(3)在与(2)相同的假设下,计算满足一阶条件的努力,并分析何时二阶条件成立。如果分布为 $f(x;e)=1+e[x-(1/2)]$,其中 $X=[0,1]$, $e\in[0,1]$,会发生什么情况?

11. 令 e 表示代理人的努力, $x=e+\varepsilon$ 为委托人观察到的产出水平。ε 是服从均值为零且方差为 δ^2 的正态分布的随机变量。假设委托人选择线性激励制度 $w(x)=A+Bx=A+Be+B$,其中 A 和 B 是待定的参数。因为委托人是风险中性的,所以他的效用如下:

$$E[x-\omega(x)]=E(e+\varepsilon-A-Bx-B\varepsilon)=(1-B)e-A$$

假设代理人的效用函数具有如下形式:

$$U(\omega,e)=E(\omega)-r\frac{\sigma_{\omega}^{2}}{2}-\upsilon(e)$$

其中，r 代表绝对风险规避系数，$E(\omega)$ 是预期工资，σ_{ω}^{2} 是工资的方差。

(1)计算委托人能够证实代理人努力时的最优合约。

(2)计算代理人的努力是不可证实时的最优合约。讨论作为外生变量的函数的最优合约的特征(为此，以习题的参数的函数表示工资方程的参数)。

五、扩展习题

1.运用信息不对称理论分析国有企业改革的难点，并说明固定工资、奖金和期权等报酬制度在激励效果上的差异。

2.二手车市场中，卖主的效用函数为 $u_1=y_1+(q-p)n$，买主的效用函数为 $u_2=y_2+\left(\frac{3}{2}q-p\right)n$，$y_1$ 和 y_2 分别是卖主和买主的全部收入，q 是二手车的质量，p 是二手车的价格，n 是二手车的数量。卖主对车的信息充分，买主对车的信息不充分。请证明：

(1)若二手车的质量 q 在$[0,2]$上满足分布 $f(q)=\frac{1}{2}q$，其中$f(q)$是概率密度函数，则市场不会萎缩。

(2)若二手车的质量 q 在$[0,2]$上满足分布

$$f(q)=\begin{cases} f(q)\leqslant\frac{1}{2}q, & q\in[0,t] \\ f(q)\geqslant\frac{1}{2}q, & q\in[t,2] \end{cases}$$

其中，$f(q)$是概率密度函数，则市场不会萎缩。

六、推荐阅读材料

1. AKERLOF G. The market for lemons：quality uncertainty and the market mechanism [J]. Quarterly Journal of Economics, 1970 (89): 488-500.

2. SPENCER A M. Job market signaling[J]. Quarterly Journal of Economics, 1973(87):355-374.

3. ROTHSCHILD M, J E STIGLITZ. Equilibrium in competitive insurance markets：an essay in the economics of imperfect information[J]. Quarterly Journal of Economics, 1976(80):629-649.

4. 因内思・马可-斯达德勒,大卫・佩雷斯-卡斯特里罗.信息经济学引论:激励与合约[M]. 管毅平,译.上海:上海财经大学出版社,2004.

5. 张维迎.博弈论与信息经济学[M]. 上海:上海人民出版社,2004.

第十五章　社会福利与公共选择

一、学习目标

1. 前面的分析重点都集中在评价资源配置中的帕累托效率,但是帕累托效率并没有涉及经济行为人之间的福利分配问题。在本章中,我们考察社会如何在帕累托集内进行选择以及一些能够使福利分配思想形式化的方法。

2. 本章共有三节:第一节主要讨论不同的偏好加总方法下不同的社会选择以及著名的阿罗不可能性定理,第二节介绍了几种社会福利函数的表达式及其性质,第三节介绍了有关公平配置的问题。

二、例题

1.考虑一个简单的情况,假设共有 200 个单位的某种资源要在两个经济行为人之间进行配置。第一个经济行为人的效用函数为 $u_1=\sqrt{F_1}$,其中 F_1 是第一个经济行为人消费的资源数量;第二个经济行为人的效用函数为 $u_2=\frac{1}{2}\sqrt{F_2}$,其中 F_2 是第二个经济行为人消费的资源数量。

(1)如果资源在两个人之间平均分配,那么他们各自的效用是多少?

(2)如果他们的效用相等,那么该种资源应该如何分配?

(3)要使两个人的效用之和最大,应如何分配该种资源?

(4)假定两个经济行为人都赞成社会福利函数为 $W=u_1^{\frac{1}{2}}u_2^{\frac{1}{2}}$,那么在两个经济行为人之间应该怎样分配该种资源才能使社会福利最大化?

解:(1)如果该种资源在两个经济行为人之间平均分配,他们各自的效用分别为 $u_1=\sqrt{100}=10$, $u_2=0.5\sqrt{100}=5$。

(2)如果使两个经济行为人的效用相等,即满足 $\sqrt{F_1}=\frac{1}{2}\sqrt{F_2}$,解得 $F_1=0.25F_2$。又因为 $F_1+F_2=200$,从而解得 $F_1=40$, $F_2=160$。

(3)两个人的效用和最大化的问题为:

$$\max_{F_1,F_2}\sqrt{F_1}+\frac{1}{2}\sqrt{F_2}$$

$$\text{s.t.}F_1+F_2=200$$

从约束条件中解出 F_2 的表达式并代入目标函数式,并解一阶条件得 $F_1=160$, $F_2=40$。

(4)社会福利函数最大化问题为:

$$\max_{F_1,F_2}\frac{\sqrt{2}}{2}F_1^{1/4}F_2^{1/4}$$

$$\text{s.t.}F_1+F_2=200$$

从约束条件中解出 F_2 的表达式并代入目标函数式,再由一阶条件解得 $F_1=F_2=100$。

2.由 A 和 B 两个经济行为人及 X 和 Y 两种资源构成的经济中,A 和 B 的效用函数分别为 $U_A=XY$, $U_B=40(X+Y)$。X 和 Y 的存量为(120,120),该经济的社会福利函数为 $W=U_AU_B$。

(1)求该经济的效用边界。

(2)求社会福利最大化时的资源配置。

解:(1)设配置给 A 的资源为(X,Y),则配置给 B 的资源量为$(120-X,120-Y)$。此时两者的效用分别为 $U_A=XY$, $U_B=40(240-X-Y)$,

由此解得 $U_A=X\left(240-X-\dfrac{U_B}{40}\right)$。

帕累托最优状态是指在一个人的效用水平不变的条件下，使另一个人的效用最大化。在 U_B 不变的条件下 U_A 最大化的条件如下：

$$\frac{\mathrm{d}U_A}{\mathrm{d}X}=240-U_B/40-2X=0$$

解得 $X=120-U_B/80$。将该式代入 $U_A=X(240-X-U_B/40)$，得：

$$U_B=9\ 600-80U_A^{1/2}$$

这就是该经济的效用边界。

(2)帕累托最优的社会福利函数为：

$$W=U_AU_B=U_A(9\ 600-80U_A^{1/2})=9\ 600U_A-80U_A^{3/2}$$

由社会福利最大化条件 $\dfrac{\mathrm{d}W}{\mathrm{d}U_A}=9\ 600-120U_A^{1/2}=0$，解得 $U_A=6\ 400$，$U_B=3\ 200$。此时 $X=80$，$Y=80$。

3.考虑由两种商品和固定要素供给组成的经济，假设以商品空间定义的社会福利函数为 $w=(q_1+2)q_2$，隐含的生产函数为 $q_1+2q_2-10=0$。试求社会福利最大化时 q_1 和 q_2 的值。

解：最大化问题。

$$\max w=(q_1+2)q_2$$

$$\text{s.t.}\ q_1+2q_2-10=0$$

构造拉格朗日函数如下：

$$L=(q_1+2)q_2+\lambda(q_1+2q_2-10)$$

一阶条件如下：

$$\frac{\partial L}{\partial q_1}=q_2+\lambda=0$$

$$\frac{\partial L}{\partial q_2}=q_1+2+2\lambda=0$$

$$\frac{\partial L}{\partial \lambda}=q_1+2q_2-10=0$$

解得 $q_1=4, q_2=3$。

即当两种商品的产量分别是 4 个单位、3 个单位时，该经济的社会福利最大。

4.假定某经济用两种商品 X 和 Y 的线性生产函数来描述，其形式为 $X+2Y=180$。该经济中有两个人 A 和 B，他们拥有相同的效用函数 $U(X,Y)=\sqrt{XY}$。

(1)假定 Y 的产量为 10，该经济的效用可能性边界会在哪里？

(2)假定 Y 的产量为 30，其效用可能性边界又会在哪里？

(3)应该怎样选择 X 和 Y 的产量，以保证实现最优的效用可能性边界？

(4)在什么条件下，你对(3)的回答有赖于所研究的效用可能性边界上的点？

解：(1)当 Y 的产量为 10 时，X 的产量为 160，设配置给 A 的资源为(X,Y)，则配置给 B 的资源量为$(160-X,10-Y)$。此时两者的效用分别为 $U_A=\sqrt{XY}$，$U_B=\sqrt{(160-X)(10-Y)}$。由此解得 $U_B=\sqrt{(160-X)(10-\frac{U_A^2}{X})}$。

帕累托最优状态是指在一个人的效用水平不变的条件下，使另一个人的效用最大化。在 U_A 不变的条件下，U_B 最大化的一阶条件是$\frac{\mathrm{d}U_B}{\mathrm{d}X}=0$，解得 $X=4U_A$，代入 $U_B=\sqrt{(160-X)(10-\frac{U_A^2}{X})}$，得效用可能性边界为 $U_A+U_B=40$。

(2)当 Y 的产量为 30 时，X 的产量为 120，设配置给 A 的资源为(X,Y)，则配置给 B 的资源量为$(120-X,30-Y)$，按照(1)中的计算方法得此时的效用可能性边界为 $U_A+U_B=60$。

(3)假设此时的社会福利函数为 $W=U_A+U_B$,则最优效用可能性边界为使社会福利最大化的边界,得:

$\max W=U_A+U_B=2\sqrt{XY}$

s.t.$X+2Y=180$

解得 $X=90, Y=45$。此时,效用最大化边界为:$(U_A+U_B)^2=4\ 050$。

(4)若存在不同的效用可能性边界相交的情况,则应该用所有边界的包络线代替边界。

三、思考题

1.简述阿罗不可能性定理。

2.假定一个社会由 7 个人组成,其成员要对他们最喜欢的社会安排投票,而最后选中的是得票多的社会安排。设计一个例子,每个人要对 A、B 和 C 三种状态排序:如果三种状态都可以选择时,会选择 A;但如果"无关的选择"C 不能被选择时,就会选 B。请分析这个例子有多大的合理性。

3.假定社会上有三个人要试图对三种社会状态 A、B 和 C 排序。对于下面的每一种社会选择方法,请至少举一个例子说明阿罗定理的条件是怎样被违背的:

(1)没有选票交易的多数原则。

(2)存在选票交易的多数原则。

(3)用记点的办法投票。在这种情况下,每一个投票者对每一种方案可以给出 1、2、3 点,然后选中总点数最高的方案。

4.简述社会福利最大化与帕累托有效率配置的关系。

5.参照本章例题,在由 A 和 B 两个经济行为人及 X 和 Y 两种资源构成的经济中,请根据 A 和 B 不同的效用函数,采用不同的社会福利函数,计算各种情况下的最大社会福利。

四、习题

1. 阅读文献资料并总结政府失灵的可能原因有哪些。

2. 按照尼采的思想，社会福利决定于处境最好的人的福利水平，分析这种福利函数的数学表达式是什么？假设效用可能性边界是凸的，消费者只关心自己的消费，分析哪种配置能表示尼采的社会福利最大化？

3. 分析说明什么样的社会福利函数支持收入的平均分配？

4. 如果一个配置 x 比另一个配置 y 更为社会所偏好，当且仅当每个人都偏好 x 胜过 y，那么它作为社会决策规则有何不足之处？

5. 我国实行的是分税制，假定中央政府和地区 i 之间的分成比例为 x_i，地区 i 的财政收入为 y_i，那么地区 i 的预算收入为 $(1-x_i)y_i$，中央的财政收入为 $\sum_i x_i y_i$。如果中央政府的效用函数为 $\sum_i log(1-x_i)y_i$，请分析中央政府在满足自己支出需要的前提下的行为特征。

6. 假定一种配置是帕累托有效率的，每个人只关心自己的消费，证明必存在某些不妒忌他人的人。

7. 据说“政府无效率”的一个重要来源是寻租行为，请举例说明。

8. J.巴格瓦蒂（J. Bhagwati，1982）指出，如果寻租活动是对事前的“制度性扭曲”的一种纠正方式，那么它有利于提高社会福利吗？你是如何理解这一说法的？运用寻租观点，评价“国有资产流失”的效应。

五、扩展题

1. 分析说明中间人投票定理是如何应用到政治过程中的。

2. 请用标准的经济学概念来分析寻租行为。

六、推荐阅读材料

1. 哈尔 · R.范里安.微观经济学现代观点[M]. 费方域,朱保华,等译.9 版.上海:格致出版社,上海三联书店,上海人民出版社,2015.

2. 图洛克.特权和寻租的经济学[M]. 王永钦,丁菊红,译.上海:上海人民出版社,2008.

3. A KRUEGER. The political economy of the rent-seeking society [J]. The American Economic Review,1974,64(3):291-303.

4. BHAGWATI. Directly unproductive, profit - seeking (DUP) activities[J]. Journal of Political Economy,1982,99(5):988-1002.

5. 沃尔特 · 尼科尔森,克里斯托菲尔 · 西迪尔.中级微观经济学:理论与应用[M]. 徐志浩,杨娟,程栩,等译.10 版.北京:中国人民大学出版社,2012.

附录　部分习题提示和参考答案

第一章

1. (1) $y'=15x^2, y''=30x$

(2) $y'=\frac{3}{x}, y''=-\frac{3}{x^2}$

(3) $y'=15e^{3x}, y''=45e^{3x}$

(4) $y'=e^{3x}(3x^3+3x^2-6x+4), y''=e^{3x}(9x^2+18x^2-12x+6)$

3. (1) $q=10, \pi=100$

(2)满足二阶条件。

5. $x=50, y=50, f_{\max}=2\ 500$

7. (1) $\frac{\partial u}{\partial x}=8x+5y, \frac{\partial u}{\partial y}=6y+5x$

(2) $du=(8x+5y)dx+(6y+5x)dy$

$du^2=8dx^2+6dy^2+10dxdy$

(3) $\frac{dy}{dx}=-\frac{8x+5y}{6y+5x}$

9. $x=6, y=4$，最小值为 24。

11. k 次齐次函数；是拟凹函数；$k\leqslant 0.5$，是凹函数。

第二章

1. (1)略。

(2)$5x_1+10x_2=60$

(3)$6x_1+12x_2=60$

(4)$6x_1+10x_2=90$

(5)$x_2=6(x_1\leqslant 5)$

$6(x_1-5)+10x_2=60(x_1>5)$

3. 完全替代品的偏好,完全互补品的偏好,拟线性的偏好,柯布-道格拉斯偏好。

5. (1)边际效用不变,满足边际替代率递减。

(2) 边际效用递增,边际替代率递减。

(3)边际效用递减,边际替代率递减。

结论:边际效用递减与边际替代率递减并没有什么对应的规律。

7. (1)$MU_1=U_1$, $MU_2=U_2$, $MRS_{1,2}=\frac{U_1}{U_2}$

(2)提示:在计算边际替代率递减的时候,x_2 是 x_1 的函数。

9. 预算线斜率为-1/2;全部买 X,可买 16 个单位;全部买 Y,可买 8 个单位。

11. 完全替代偏好,柯布-道格拉斯偏好,拟线性偏好。

第三章

1. $x_1=\begin{cases}0, & \dfrac{p_1}{p_2}>\dfrac{a}{b}\\ \dfrac{y}{p_1}, & \dfrac{p_1}{p_2}<\dfrac{a}{b}\\ \text{任意值}\in\left[0,\dfrac{y}{p_1}\right], & \dfrac{p_1}{p_2}=\dfrac{a}{b}\end{cases}$

3. $x_1=\dfrac{ap_2}{p_1},x_2=\dfrac{y}{p_2}-a,V=a\ln\dfrac{ap_2}{p_1}+\dfrac{y}{p_2}-a$

验证略。

5. (1) $x_1=4$, $x_2=1,U=2$

(2) $x_1=3,x_2=\dfrac{3}{4},U=\dfrac{3}{2}$

(3) $x_1=2,x_2=1,U=\sqrt{2}$

(4)税收总额为2,可以看出,在相同的税收额度下,从量税损失的福利更多。

7. $x_1^h=u\sqrt{\dfrac{p_2}{p_1}},x_2^h=u\sqrt{\dfrac{p_1}{p_2}},\mathrm{e}=p_1x_1^h+p_2x_2^h=2u\sqrt{p_1p_2}$

9. 该函数是马歇尔需求函数,因为满足马歇尔需求函数的零次齐次特性。

11. $x_1^h=\sqrt{\mathrm{e}^u\dfrac{p_2}{p_1}},x_2^h=\sqrt{\mathrm{e}^u\dfrac{p_1}{p_2}}$,支出函数为 $e(P,u)=p_1x_1+p_2x_2=2\sqrt{\mathrm{e}^u p_1p_2}$

13. $p=\dfrac{1}{4\sqrt{q}}$

15. 不应该。

第四章

1. 提示:收入提供曲线和恩格尔曲线都是一条垂直于同一坐标轴的直线。

3. 提示:一般低档品的负的替代效应大于正的收入效应,而吉芬商品的负的替代效应小于正的收入效应。

5. 替代效应为 1.3,收入效应为 0.7。

7. 商品 1 的替代效应为 $8\sqrt[3]{4}-16$,收入效应为 $16-8\sqrt[3]{4}$;商品2 的替代效应为 $8\sqrt[3]{4}-8$,收入效应为 $32-8\sqrt[3]{4}$。

9. 互为替代品。

11. $CV=\mathrm{e}[p^1, V(p^0, y)]-y=\mathrm{e}[(2,1), 50]-100=100(\sqrt{2}-1)$

$EV=y-\mathrm{e}[p^0, V(p^1, y)]=100-\mathrm{e}[(1,1), 25\sqrt{2}]=100-50\sqrt{2}$

13. $x_1=\dfrac{y}{2p_1}-\dfrac{1}{2}$, $x_2=\dfrac{y}{2p_2}+\dfrac{p_1}{2p_2}$,验证略。

15. b。

17. 货币补贴时的最优选择是每种商品购买 4 个单位;实物补贴时的最优选择为商品 1 消费 5 个单位,商品 2 消费 10/3 个单位;货币补贴带来更高的效用水平,效用差额为 2/3。

19. 提示:这是拟线性偏好。

21. 福利水平提高了。

23. 略。

第五章

1. (1)略。

(2)$a=250, b=125$

(3)$a^{*}=150, b^{*}=-75$

(4)略。

(5)$a=b=150$,对 a 的需求下降了,对 b 的需求上升了。

(6)$a=b=250$

(7)因为预算约束变了。

3. (1)工作 4 小时,闲暇 12 小时。

(2)工作 9 小时。

(3)工作 9 小时。

5. (1)$c_1+\frac{c_2}{1+r}=m_1+\frac{m_2}{1+r}$

(2)$p_1=1, p_2=\frac{1}{1+r}, m=m_1+\frac{m_2}{1+r}$

(3)$c_1=0.2(m_1+\frac{m_2}{1+r}), c_2=0.8[(1+r)m_1+m_2]$

(4)利率上升,第一期消费会下降,第二期消费会上升,储蓄为 $m_1-c_1=0.8m_1-\frac{m_2}{1+r}$,储蓄会上升。

7. $p_1=60, p_2=90, q_1=80, q_2=20$

9. 应选择第一种投资方案。

第六章

1. 最优的量是 $x=(2\theta-1)w_0$，当 $\theta=0.5$，最优量为 0。

3. 保费为 5 900 元，利润为 1 900 元。

5. $w=\dfrac{(1-P)w_1+Pw_2}{w_1w_2}$

7. 储蓄 100。

9. (1)235。

(2)5 025。

(3)风险规避者不参加，风险中立者不参加赌博，接受 240 元。

第七章

1. 当 $l\geqslant k$ 时，$MP_l=0$；当 $l<k$ 时，$MP_l=1$。

3. (1)这个生产函数是规模报酬不变的。

(2)$\sigma_{l,k}=\dfrac{\mathrm{dln}(k/l)}{\mathrm{dln}MRTS_{l,k}}=\dfrac{\mathrm{dln}(k/l)}{\mathrm{d}\left[\frac{1}{2}\ln(k/l)\right]}=2$

5. $TC(q)=wl+rk=(r^{\frac{\rho}{\rho-1}}+w^{\frac{\rho}{\rho-1}})^{\frac{\rho-1}{\rho}}\cdot q$

7. 提示：平均成本函数对产量求导。

9. 固定成本为 90 元。

11. (1)$l=\dfrac{8}{w^3r}$，$k=\dfrac{4}{w^2r^2}$

(2)$l=1$，$k=1$，$q=1$，$\pi=1$

13. $q=\frac{8}{3}, l=0, k=\frac{16}{9}$

15. (1) $MC(q)=3q^2-16q+30$

(2) $AVC(q)=q^2-8q+30$

(3) $q=4$

(4)价格在可变平均成本与边际成本的交点之下的时候，即 $p<14$ 的时候。

17. $\frac{dA}{A}=2.75\%-0.65\times1\%-0.35\times1.75=1.5\%$

19. 要素需求函数为：$x=(\frac{p}{2w})^2$

产出供给函数为：$q=x^{0.5}=\frac{p}{2w}$

利润函数为：$\pi=pq-wx=\frac{p^2}{2w}-w(\frac{p}{2w})^2=\frac{p^2}{4w}$

21. (1) $C=3Q$

(2) $C=2(\frac{Q}{20})^{\frac{3}{2}}+8\ 000$

23. (1) $q=10; \pi=75$

(2) $PS=100$

第八章

1. 单个厂商的供给函数为 $q=\frac{p}{2}$，市场供给函数为 $S(p)=\frac{mp}{2}$。

3. $p=\frac{a-c}{d-b}, Q=\frac{ad-bc}{d-b}$

5. (1) $q=3, p=9$

（2）$q=3.5, p_d=7.5, p_s=9.5$

（3）有福利损失，损失为0.5。

7.（1）$p=20, q=60$

（2）国内生产45，进口25，福利增进62.5。

（3）国内生产54，进口10，福利损失为22.5。

9. 提示：排队配置资源没有效率。

11.（1）$p^*=170, Q^*=10$

（2）均衡产量为35，均衡价格为145，生产者实际得到的总价格为195，消费者实际支付的净价格是145。

13. $\frac{3}{2}$

第九章

1. $\frac{p_2}{p_1}=\frac{2-a-b}{a+b}$

3. $\frac{p_2}{p_1}=2, x_1^1=10, x_2^1=5, x_1^2=x_2^2=10$

5.（1）$u_1=10, u_2=5$

（2）$x_1=40, x_2=160$

（3）$x_1=160, x_2=40$

（4）$x_1=100, x_2=100$

（5）$x_1=100, x_2=100$

7. $x=(100-y^2)^{0.5}$

9.（1）$\frac{p_2}{p_1}=1/2, x^*=[(10,10),(20,10)]$

(2) $\frac{p_2}{p_1}=1/4, x^*=[(1,1),(4,1)]$

11. 提示:配置是关于价格的零次齐次函数。

13. $L_X=L_Y=5, K_X=K_Y=50, X=Y=250, MRS_{XY}=1, MRT_{XY}=1, MRTS_{LK}=1$

第十章

1. 当厂商有 4 个单位时,供给 4 个单位。当厂商有 6 个单位时,供给 5 个单位。

3. 因此当 $a/2b \geqslant 10$ 时,没有效率损失。

5. (1) $q^m=12, p^m=38, \pi^m=287$

(2) $q^m=12, p^m=38, \pi^m=237$

(3) $q^m=11, p^m=39, \pi^m=241$

7. 第一个消费者会购买 8 个单位产品,消费者剩余为 32;第二个消费者会购买 18 个单位产品,消费者剩余为 162,进行捆绑销售;购买 8 个单位产品需要支付一个总价 2×8+32=48,购买 18 个单位产品的总价为 2×18+162=198,这样便实施了完全价格歧视。

9. (1) $q_A=5, q_B=10, P=70, \pi=735$

(2) $q_A=50/7, q_B=100/7, P=400/7, \pi=29\ 265/49$

11. (1) $Q=76, P=152, \pi=-12\ 356$

(2) $Q=25, P=254, \pi=3\ 250$

13. (1) $Q=60, P=15, \pi=630$

(2) $Q=80, P=14, \pi=320$

(3) $Q=120, P=12, \pi=0$

15. (1) $p=6, q_1=18, q_2=12, \pi=198$

(2) $A=36, q_1=18, q_2=12, \pi=72$

(3) $A=9, p=9, q_1=15, q_2=6, \pi=81$

第十一章

1. (1) $q_1=90, q_2=5$

(2) $q_1=80, q_2=30$

(3) $q_1=\frac{280}{3}, q_2=\frac{80}{3}$

(4) $p=37.5, q_1=106.25, q_2=18.75$

3. $q_1=7$，厂商 2 便不再进入。

5. 产量竞争均衡：$q_1=q_2=\frac{2\alpha\beta-\alpha\gamma}{4\beta^2-\gamma^2}$

价格竞争均衡：$p_1=p_2=\frac{2\alpha\beta^2-\alpha\beta\gamma-\alpha\gamma^2}{4\beta^2-\gamma^2}$

7. (1) $Q_1=4; Q_2=0, P=6; \pi_1=12; \pi_2=0$

(2) $Q_1=3; Q_2=2, P=5; \pi_1=5; \pi_2=1$

(3) 最多愿意出 7 元钱收购。

9. (1) $Q=24, P=30, \pi=576$

(2) $Q_1=16; Q_1=16, P=22$

(3) $q=48/(n+1), P=(54+6n)/(n+1), \pi=\frac{2\,304}{(n+1)^2}$

(4) 当 n 趋于无穷时，$P\to6, \pi\to0$。

11. $q_1=10, q_2=5$

第十二章

1. 如附图 1 所示。

B

A		石头	剪刀	布
	石头	0,0	1,-1	-1,1
	剪刀	-1,1	0,0	1,-1
	布	1,-1	-1,1	0,0

附图 1　A、B 博弈

标准式表述:(1)参与人 A 和 B。

(2)每一参与人的战略集均为{石头,剪刀,布}。

(3)每一战略组合的收益略。

3. 如附图 2 所示。

小猪

大猪		按	不按
	按	5,1	4,4
	不按	9,-1	0,0

附图 2　小猪、大猪博弈

小猪不按是一个占优策略,而大猪知道小猪是理性的,那它会在{按,不按}和{不按,不按}中选择,最后均衡是{按,不按}。

5. 纳什均衡为($F1$,$F2$),是一个囚徒困境。

7. (1)不存在严格劣策略,存在弱劣策略,选择 $s_i=0$。

(2)任意 $s_1+s_2=100$。

9. $q_1^* = q_2^* = \cdots = q_n^* = \dfrac{a-c}{n+1}$

11. (1) 如果 $\overline{N}>5\times8=40$，此时 5 户牧民每户养 8 只羊就是该博弈的纳什均衡。

(2) 提示：如果 $\overline{N}\leqslant 40$，纳什均衡不是唯一的而是有许多种，随着纳什均衡量 $\overline{N}$ 的变化而变化，注意养羊数只能是正整数。

13. 当 $f\leqslant\dfrac{52}{9}$时，企业 1 才会投资引进新技术。

15. 剔除严格劣策略均衡为(U,R)。

17. (1) 不会；(2) 不会；(3) $\delta>\dfrac{1}{2}$。

第十三章

1. $x_A = x_B = 5$

3. (1) A 和 B 均消费 6.4。

(2) Y 的市场价格也为 6.4，其中 A 支付 0.8，B 支付 5.6。

(3) $P=Q=6$，全由 B 消费。

5. (1) $T=100$

(2) $T=50$

7. (1) 有效率的产量为 90。

(2) $Q=60$

(3) 将花费 10 800 元，税收按 1 ∶ 11 分配。

9. (1) 典型的个人效用水平为 50/101。

(2) $G=50$，$P=5$。典型的个人效用水平为 1.58。政府向消费者征收相当于 1/2 的公共品实际应有价格的税。

第十四章

1. 因为如果全额赔付,而保险公司又不能观测到投保人的行动,就会发生道德风险。

3. (1)不存在。

(2)因此,能干的工人为高中文凭最多支付 20 000 元。

5. (1)200。

(3)200。

7. (1)教育水平不影响代理人的生产率。因此,最优对称信息教育水平是零。

(2)如果该工人是 G 型的,则当 $2-\frac{e^O}{2}>1$,即 $e^O<2$ 时,他会选择 e^O。同理,如果该工人的生产率是 B 型的,则当 $e^O<1$ 时,与 $e=0$ 相比,他会严格偏好于 $e=e^O$。

(3)$e^O\in[1,2]$

(4)如果 $e^O\in[1,2]$,在给定的工资结构下,高生产率的工人对选择这种教育水平感兴趣,而低素质的工人则偏好 $e=0$。因此,厂商的信念与工人的选择一致。

9. (1)①最优合约完全保证了买方 $g=b_1-b_2$。消费者需求的价格是消费者愿意支付的最高价格 $p=b_1-u^{-1}[u(0)]$。

②因为最优对称信息合约不取决于 q,所以在不对称信息下它仍是最优的。没有信息需要传递。

(2)①最优合约绝不包含保证金,$g=0$。买方愿意为该产品支付的价格取决于他的估价:$p^G=b_1-q^G(b_1-b_2)$ 和 $p^B=b_1-q^B(b_1-b_2)$。

②因为两类卖方都想将价格定为 p^G,所以对称信息合约是不适用的。但如果买方要获得好质量的产品,那么他将只愿意支付 p^G。

③可以提供一份 $g>0$ 的保证金,因为当破损概率较高时,这一保证金给卖方带来的成本较高。

④略。

11. ①给定激励体系 $w(x)=A+Bx$,代理人效用由 $A+Be-rB^2\sigma^2/2-v(\mathrm{e})$ 给出。如果委托人观察到了代理人的努力,委托人会推出确定的合约 $A>0,B=0$,满足 $A=\underline{U}+v(\mathrm{e})$。

②$B=1/[1+rv''(\mathrm{e})\sigma^2]$

第十五章

1. 略。

3. $W=\min\{y_1,y_2\cdots y_i\cdots\}$,其中 y_i 代表第 i 个人的收入。

5. 对高收入地区征税,对低收入地区补贴。

7. 略。